潮ワイド文庫――007

『民衆こそ王者』に学ぶ 「冬」から「春」の誓い

潮出版社

本書は、単行本『民衆こそ王者――池田大作とその時代』から抜粋し、再構成したものです。創価学会の池田大作第三代会長が、恩師・戸田城聖第二代会長のもとで過ごした青春の日々を、おもに三つの角度から描きます。一つは「男子部」の原型をつくった「第一部隊」。また、さまざまな世代と心通わせた「文京支部」。そして、全国の派遣メンバーと力を合わせた「山口闘争」です。

編集部

『民衆こそ王者』に学ぶ

「冬」から「春」へ——若き日の誓い

◆

目次

装丁＝金田一亜弥、高畠なつみ
カバー写真＝恩師・戸田城聖と語り合う若き日の池田。師から弟子へ広布のバトンが託される（一九五八年三月）。モノクロ（白黒）写真を、デジタル技術を使ってカラー化したものです

本文ＤＴＰ＝standoff

第一章

「青年の譜《ふ》」

――本当の言葉を求めて

一九九六年（平成八年）三月上旬、東京・台東区。中俣喜美子は蔵前《くらまえ》の路上で、ふと自転車を止めた。リヤカーいっぱいに積まれた色とりどりの花々が、道行く人の目を楽しませている。今は少なくなった鉢植《はちう》えの行商《ぎょうしょう》である。

創価学会はこの年の一月から三月にかけて、全国各地で小単位の婦人部総会を行った。台東区婦人部長だった中俣。「総会が無事に終わった感謝を込めて、池田先生と奥様への手紙と一緒に花を届けたいと思っていたのです」。リヤカーを引く行商人から声をかけられ、話が弾《はず》んだ。「人なつっこい笑顔が印象的なおじさんでした」。リヤカーに並ぶ植木鉢《うえきばち》。赤、白、ピンクの南京桃《ナンキンもも》がひときわ美しかった。迷わず買い求めることにした。

その行商人は八十歳近かった。中俣は婦人部総会のために作られた栞《しおり》を何枚かカバンに入れていた。思わず「自宅でお待ちの奥様に」と手渡した。その栞には、池田大作が全国の婦人部に贈った和歌が綴《つづ》られていた。

「微笑《ほほえみ》の　母がおわせば　太陽が　照らすと等しき　平和の城かな」――「へえ！　いい

和歌《うた》だねえ。奥さん、和歌を詠《よ》むの？」。驚く行商人に中俣は笑いながら、「ちがいますよ」と栞の裏を見せた。「池田大作」と記《しる》されている。「その瞬間、おじさんの表情がみるみる変わりました」（中俣喜美子）。

「あんたは池田先生を知っているのかい？」。行商人は池田のことを「先生」と呼び、顔をほころばせて言った。「俺が一番会いたい人は、この人なんだよ」。

南京桃と「宝木屋《うえき》」

「その行商人は島村さんという名前でした」（中俣喜美子）。この日も「市ケ谷までリヤカーを引く」という。蔵前から優《ゆう》に一時間以上かかる。

島村一雄は都内で昭和二十年代から行商を営《いとな》んできた。敗戦の後、生活必需品《ひつじゆひん》でない植木の商売は苦しかったという。「あめ玉とかお菓子の行商は、ある程度は売れていたよ。でも俺には植木しかなかった。それしか稼《かせ》ぐ方法がなかった」。

「あれは昭和二十六、七年だった。市ケ谷の外堀《そとぼり》通りで、『おいくらですか？』と声をかけてくれた若者がいたんだよ。それが池田先生だった。後ろに、牛乳瓶《びん》の底みたいな分厚《ぶあつ》い眼鏡《めがね》をかけた戸田先生もいた。お菓子とお茶まで頂戴《ちょうだい》してね」。当時、池田は二十三、四歳。戸田城聖《じょうせい》（創価学会第二代会長）のもとで働き始めて三年ほどである。島村は四十年以上も前の出会いを訥々《とつとつ》と語った。「あの凜々《りり》しい青年にまた会いたい」と思い、しばらく市ケ谷に通ったという。

「夏の暑い日、また池田先生と会ったんだ。『植木屋さん、お久しぶりでした。お変わりございませんか？』と声をかけてくれてね。リヤカーにあった観葉《かんよう》植物を『全部いただきますよ』って八鉢も買って、『お身体《からだ》に気をつけてくださいね』と丁寧《ていねい》に頭を下げてくれた。俺は今でも、あの時の温かな言葉が忘れられないんだよ」

蔵前の路上で語らいは続いた。「俺は池田先生が好きなんだ。信心していないけど一番尊敬してる。先生の御恩《ごおん》は一生忘れないよ」「うそばかり書く週刊誌とか、先生のことを悪く言ってる奴らは、しゃくにさわってしょうがない。全部やきもちだ」。

思わぬ話に驚《おどろ》いた中俣。南京桃を買った理由を伝えた。「すると『うれしいなあ。池田先生が初めて買ってくれたのも、この南京桃だったんだよ』と、その場で涙をぽろぽろ流されました」。

「俺は忘れないよ。だから池田先生も覚えてくださっている」。島村はジャスミンを一鉢、差し出した。「この香りが好きで、いつも積んでいるんだ。植木屋からだって言って、よろしく伝えてよ」。

中俣は「でしたら先生に手紙を書いてみてはどうでしょう」と提案《ていあん》し、近くの文房具屋で便箋《びんせん》とペンを買ってきた。島村はうれしそうに筆を進めた。〈拝啓　池田先生終戦直後、市ケ谷ビルに居《お》られましたる頃、戸田先生、池田先生始《はじ》め……親身も及《およ》ぬ程《ほど》、御世話になり……私の様な世の中の底辺をはいつづけて居る者に対し暖《あたたか》い御心遣《づか》ひ……誠に有難《ありがと》う御座いました。此の世の中で一番尊敬して居ります〉。〈今年七十七才になりました。残り少《すく》ない人生ですが、自分程《ほど》幸福な人間は少いと、今懐《なつ》かしい池田先生を思い乍《なが》ら……御便りをさせて戴《いただ》いて居ります〉

長文を次のように結んだ。〈今日程《ほど》、嬉《うれ》しい日は御座いません。小生は本当に幸福者です〉。

◇

この時、池田は香港から帰国し、中部と関西を回っていた。島村に対してすぐ自著の『私の世界交友録』を贈り、帰京してあらためて写真集『平和への友情』を届けた。「二冊も申し訳ない」と固辞《こじ》する島村に、中俣は表紙を開いて見せた。その写真集の見返しには、池田の自筆でこう綴られていた。

〈島村一雄大兄
崇高《すうこう》な　あの日の姿を忘れまじ
世界一なる　宝木屋《うえきや》　万歳
　鉢植え・御手紙、感謝　合掌
三月二十八日　大作〉

「宝木」には「うえき」とふりがなが振られていた。島村は一字ずつ確かめ、声に出して読んだ。「『あの日の姿を忘れまじ』まで読むと、島村さんは声を詰《つ》まらせていました。私も胸に迫るものがありました」（中俣喜美子）。

しばらくして島村は顔を上げた。「リヤカーを引いて半世紀近く、先生との出会いを一日も忘れず生きてきたよ。やっぱり俺の思っていたとおりの先生だった」。少年のようにはにかんだ。

翌春も中俣は島村に南京桃を用意してもらい、学会本部に持参した。池田はその南京桃を写真に撮って島村に贈った。島村は台東区の婦人部（当時）の矢花恵子らの誘《さそ》いを受けて、学会の本部幹部会の衛星中継にも参加。画面に映った池田と〝再会〟した。その後も交流が続いた。

「島村さんが亡くなる少し前、病院にお見舞いにも行きました」（中俣喜美子）。ここ数年、必ず題目三唱してから行商に出かけたことや、会う人ごとに池田との思い出を語ったこと――池田から親愛を込めて「宝木屋《うえきや》」と呼ばれた島村は楽しそうに振り返った。

「私は、あと幾《いく》ばくもないよ。池田先生に『ありがとう』と言えたことを感謝してるよ。思い残すことは何もない」「みんな同じ人間で、位《くらい》なんてないけど、あえてつけるとすれば、池田先生は日本一、いや世界一だな」

学会員にとどまらず、多くの人々の胸に残り続ける池田の「言葉」。それはどのような出会いのなかで磨かれたのか――源流《げんりゅう》を探りたい。

破壊と建設

池田の青年時代を辿《たど》るキーワードは何か。二〇一一年、モンゴルで池田の写真詩集『わが心の詩《うた》』が出版された（モンゴル文化詩歌アカデミー刊）。「森ケ崎海岸」「月光」「民衆」「無冠《むかん》の友」など、一九七六年（昭和五十一年）までに発表された詩や贈言《ぞうげん》が収録《しゅうろく》されている。その序文《じょぶん》に印象的な一節があった。

「エネルギーや活力《かつりょく》に満ちた言葉が、どんなに価値あるものだったかということを、いまの日本の、偉大な建設に携《たずさ》わった世代は、よく認識しているだろう」（同アカデミー総裁のG・メンドオーヨ）

この写真詩集の冒頭《ぼうとう》に、「青年の譜《ふ》」という詩が載《の》っている。七〇年（同四十五年）十二月、「言論出版問題」の後、池田が詠《うた》った長編詩だ。次の時代を担《にな》う青年に自らの思いを託《たく》した。その中に、池田の人生を象徴《しょうちょう》するような言葉がある。

天空に雲ありて
風吹けど
太陽は　今日も昇る
午前八時の青年の太陽《かれ》は
無限の迫力を秘《ひ》めて
滲透《しんとう》しつつ　正確に進む
……
ある時は　社会の動きを
静かに考察しながら

ある時は社会に　融合《ゆうごう》しつつ
深く広く
ある時は　中傷と誹謗《ひぼう》の川に
激怒しながら
ある時は　忍耐の鎧《よろい》を着して
沈黙と対話の二重奏で進む
そして　ある時は
思想を護《まも》るために
純粋と徹底の抗戦《こうせん》に
死を賭《と》して戦う

メンドオーヨが指摘した「偉大な建設」の前には、言うまでもなく、太平洋戦争という「巨大な破壊」があった。日本でも兵員の死者は二三〇万人、市民の犠牲者は八十万人といわれる。現在、すでに「昭和時代」と呼ばれるようにもなり、「戦後生まれ」は日本人の七十五パーセントを超えた。

アジアに甚大《じんだい》な被害を及ぼし、「大本営発表」に一喜一憂《いっきいちゆう》し、自らも前代未聞の悲劇に襲《おそ》われた日本。戦後の創価学会の歴史は、敗戦からの再生の歴史に重《かさ》なる。それは「本当の言葉」「力《ちから》に満ちた言葉」を探し求める庶民が仏法とめぐりあう歴史でもあった。

廃墟《はいきょ》の中の光

〈そのころの本校の界隈《かいわい》は、焼瓦《やきがわら》の赤茶《あかちゃ》けた単調《たんちょう》な色彩《しきさい》の向こうに、音のない干《ひ》からびた弱い起伏《きふく》が、九段方向へ続いていた……赤く焼けただれた水道橋のホームは、土手の上で恐竜の骸骨《がいこつ》のように見えた……その色彩のない廃墟《はいきょ》の中にポツンと校舎が焼け残っていた〉

『東洋商業六十年史』の一節である（「嵐の暗闇を乗り越えて――終戦後」）。敗戦直後の一九四五年（昭和二十年）九月、十七歳の池田は東京・水道橋駅に近い同校（現・東洋高等学校）夜間部《やかんぶ》に編入した。半年前の東京大空襲で、街は焦土《しょうど》になっていた。

〈先生も生徒も、軍服かその仕立直しが多く、若手の先生と（戦争から）復員した上級生の区別がつかず〉〈飢《う》えと寒さの中で震えながらの授業だった〉という同校。

記念誌『東商学園１００年のあゆみ』に、池田は次のような感謝の言葉を寄せている。

空襲によって焼け野原になった東京。水道橋駅上空から霞が関方面を望む（1945年撮影）　©共同通信社

〈「全魂《ぜんこん》を打ち込んで諸君を鍛《きた》えよう。遠慮なくぶつかってきてくれ給え」と、毎回気迫のあふれる授業をしてくださった英語の先生。悪い点数をとった時、近くの喫茶店《きっさてん》でコーヒーをご馳走《ちそう》し、温かく励ましてくださった珠算《しゅざん》の先生……。その学舎の明かりは、敗戦の焼け跡に灯《とも》された「希望の光」でした〉

同校で英語を教えた中西信男（後に校長）。池田の印象を「病弱でやせていたが、鋭い青年だった」と語り残している。生前の中西を取材した聖教新聞記者のメモには、「一六〇人くらいの夜間生がいた。やめていく学生も多かったが、池田会長は最後までやり通したグループの人間だった」「（教室

の）窓ガラスは一枚もなかった」「教科書もカストリ・ペーパーで、〈袋綴じされたページ（ふくろ）（と）の）折り目を自分たちで切って使った」と記されている。

苦学のなかで出会った人間性豊かな教師たちは、池田に少なからぬ影響を与えた。

もう一つ、このころの池田にとって忘れがたい出あいがあった。「活字」である。

◇

池田は日本経済新聞に連載した『私の履歴書』（れきしょ）（『池田大作全集』第二十二巻に収録）に当時の思い出を綴っている。

〈廃墟と化した市街の上に、悠々と広がる澄み渡った青い空は、いま思い出してもあ（あくた）まりにも鮮やかである。……薄給（はっきゅう）のなかから蓄えた小遣い（こづかい）を持っては、神田に飛んでいき、望みの本を見つけて喜んだのもこのころである〉

東洋商業に通っていた時代、池田は地元の読書グループ「郷友会」にも参加した。学生、技術者、公務員など約二十人が集まっていた。そしてそれぞれが持ち寄った本を貸し出す「草水文庫」（かまた）の運営に携わった（たずさ）。「東京一の軍需工業地帯」（ぐんじゅ）（『大田区政五十年史』）だった大森・蒲田地区は戦争中、合計十七回もの空襲に遭っている（あ）。その焼け跡から復興する文化運動のさきがけとなった。

〈古典、新刊書など、手にはいるものは乱読というか、片っぱしから読んだといって

東洋商業に在学中の池田（中央）　©Seikyo Shimbun

よい。読書は、私の人生にとって最大の趣味の一つである。素晴らしい良書に巡《めぐ》り合った喜びはなににもまして、といってよいほどのうれしさがあった。岩波書店へ行って、列をなしているところに並んで、やっと一冊の本を手に入れたこともある〉（『私の履歴書』）という時代である。本そのものが貴重だった。池田の携わった「草水文庫」は、のちに大森第四小学校に贈呈され、戦争中の銃器庫を改修した図書館に収められた（一九四八年）。

この時期、池田は西新橋にあった昭文堂印刷という小さな会社で一年半ほど働いている。〈朝、家を六時半ごろ出て三〇分ほど歩くと梅屋敷《うめやしき》駅へ着く。そこから京浜急行に乗り、品川駅まで行き、国電に乗り換え新橋駅で降りる。露店《ろてん》の闇市《やみいち》が線路ぎわに立ち、日用雑貨を売っていた〉（同）。午後四時ごろまで働いてから、東洋商業に向かった。

仕事は得意先回りから図面のトレース（薄紙をあてて写す作業）、校正など幅広い。神田や銀座の大通りを大八車《だいはちぐるま》を引いて回ったのもこのころである。届いた原稿のとおりに一文字ずつ活字を拾《ひろ》って箱の中に並べる「文選《ぶんせん》」もやった。

池田はこれらの仕事を通して得た、「ことばの力」をめぐる実感を東洋商業の教師にぶつけている。

〈一つ一つの活字は、鉛《なまり》の塊《かたまり》にすぎない。しかし、それが、いったん、組み合わせられ、文章になって印刷されると、じつに大きな力をもつ。文字どおり、活字は生きている。文字は偉大な生命をもっている。

ある日、この思いを、通っていた夜学の校長先生に話すと、嬉《うれ》しそうな顔をされて言われた。

「君は、すばらしいことを言うじゃないか。そのとおりだよ。トルストイを見るがいい。ユゴーを見るがいい。人間ばかりではなく、社会も、世界も動かしていくのが文学だ」〉（全集第一二九巻）

戦争中は、病気がちな体に鞭《むち》打って新潟鉄工所の旋盤工《せんばんこう》として働き、軍事教練《きょうれん》で倒れ、血痰《けったん》を吐《は》いた池田。〈戦争と病気という二つの『死』に直面していた〉（二〇〇一年三月四日付「聖教新聞」）灰色の時代から、敗戦を経て、幾《いく》つかの出会いを重ね、新しい世界へ目を開き始めていた。

「教育とは 学生に生命を あたへてゆくことである」

もう一人、池田が出会った早世《そうせい》の教育者に触れねばならない。

東洋商業を卒業した池田は、大世学院（現・東京富士大学）の政経科夜間部に通った。同校の『校友会五十年史』に〈私は、わが母校を愛する。わが母校に感謝する。わが母校を誇《ほこ》りに思う。そこに、魂《たましい》を揺《ゆ》さぶる、偉大なる教師との出会いがあったからである〉と寄稿《きこう》している。

この「魂を揺さぶる、偉大なる教師」の代表が、同学院の創立者・高田勇道《ゆうみち》だった。〈新宿の高田馬場駅で山手線を降り、西武線に乗り換え、二つ目の中井駅で下車。踏切を渡り、一の坂へ出た。私は、詰《つ》め襟《えり》の学生服。油の染《し》みこんだ作業服の級友、背広姿のサラリーマン風の友、国民服を着た軍人のような仲間、皆、路地のような坂道を急いでいる〉――大世学院の中井校舎（現・新宿区中落合）へ向かう通学路の描写《びょうしゃ》である（『池田大作全集』第二十一巻）。教室には東洋商業と同じく、破れた窓ガラスから風が吹き込んだ。

高田勇道は長年、結核を患《わずら》っていた。勢いのよい魅力的な授業が、咳《せき》で中断することもしばしばあった。

戦争中、同学院の校舎は空襲で焼け落ちた。戦後、結核で倒れた高田は入院先から通勤し、学校運営に腐心《ふしん》した。

同じく結核で苦しんでいた池田は、授業にとどまらず、高田の生き方にも感銘《かんめい》を受けた。特に「大事なのは人間性の開発です」という一言が忘れられなかった。

同学院を新制の「富士短期大学」として立ち上げるため、高田は文字通り命を削《けず》って奔走《ほんそう》した。文部省に提出する大学認可《にんか》申請書《しんせいしょ》は、病床《びょうしょう》で口述《こうじゅつ》した。認可が下りたのは一九五一年（昭和二十六年）三月である。

初めての入学式を終え、新入生の授業が始まった五月、高田は燃え尽きるように亡くなった。四十二歳だった。「教育とは学生に生命をあたへてゆくことである」と書き残した。大学設立のための寄付者名簿には、二十二歳だった池田の名前も刻《きざ》まれている。

富士短期大学（当時）を訪問し、上田只助図書館部長と語り合う池田
（1975年6月、東京・新宿区）　©Seikyo Shimbun

「池田さんは、おとなしく目立たない学生さんでした。私は会計事務だけでなく、試験の採点なども手伝っていましたので、非常に美しい几帳面《きちょうめん》な答案を書く方《かた》だったと記憶しています」

◇

当時の池田の様子を、大世学院の会計事務員だった渡辺寿美子が、近所に住んでいた学会員（加藤求馬）に語り残している。渡辺は自宅を空襲で焼け出され、四七年（同二十二年）から大世学院で働いた。晩年まで同学院のそばで暮らした。

「（大世学院は）昼間の学生はまだ恵《めぐ》まれていましたが、夜間生は苦学生ばかりで、授業料も分納《ぶんのう》する人が多かったです」

そのころの池田の日記には〈靴を、修繕する。一金百円也。身体が疲れてならぬ。夜学は、無理の様子。（戸田）先生も、非常に、大変な様子〉（一九四九年十月二十六日）といった記述が続く。自身の体調とともに、戸田城聖の健康を気遣《きづか》う記述が増えていく。人生の師と定めた戸田を支えるため、〈いつ冬が来て、いつ春が訪れたのか――それさえも判然《はんぜん》としない苦闘の日々〉（『私の履歴書』）が、すでに始まっていた。

渡辺寿美子はこう振り返っている。

「池田さんは学院を辞める時、わざわざ一職員である私のところにも、あいさつに来てくださり、『師匠の仕事を支えるために、学院を辞めます』と言われました。私は、あなたは頭も良いのですし、惜《お》しい、卒業だけはしておいたほうがいいですよ、と言いましたが、決意は固《かた》かったようです」。池田は後年、富士短期大学（大世学院の後身）の勧《すす》めで論文を提出。単位を取得し、卒業した。

高田勇道の言うように、教育が「学生に生命を与えゆくこと」であるなら、「宗教」は本来「すべての人々に、たとえ苦悩のどん底にある人にも生命を与えゆくこと」でなければならない。戸田城聖のもとで、池田はその困難な道を歩き出していた。

「この人なら」

戸田との運命的な出会いは、東洋商業の夜間部で学び始めて二年が経とうとする一九四七年（昭和二十二年）。十九歳の夏だった。池田にとっても、そして戸田にとっても、その後の人生を決定的に変える出会いとなった。

――不敬罪《ふけいざい》と治安維持法《ちあんいじほう》違反の容疑で二年間、牢獄につながれた戸田。出獄後、身近な人々を集めて法華経講義を始めた。受講者の一人だった辻武寿は「昭和二十一年でした。毎週三回、月水金と楽しみに通いました」と語る。

「戸田先生は御書《ごしょ》（日蓮《にちれん》の遺文集《いぶんしゅう》）や法華経を拝しながら、『我々学会員は地涌《じゆ》の菩薩として、自ら願ってこの世に生まれてきたのです。衆生《しゅじょう》（＝民衆）を救うために、福運をかなぐり捨てて、貧乏人や病人になって、御本尊の功徳を示し、広宣流布するために生まれてきたのです』と励ましてくださった。あの五体に染み入るような声は忘れられません」。辻は思わず戸田に「先生、それは本当ですか」と何度も聞き返した。

「三日も飯《めし》を食わない者の顔を見たかったら、辻の顔を見ろ」と言われるほど貧しかった。人生観が変わった。

今、貧乏や

度の強い眼鏡をずらして資料を読む戸田城聖。市ケ谷ビルでの指導会の一コマ（1953年） ©Seikyo Shimbun

病気に苦しんでいるのは、その苦しみを信仰によって乗り越え、さらに周囲の人々を救っていくためなのだ、というのである。

――学会は貧乏人と病人の集まりだとバカにされる。しかし貧乏と病気を誰が悪く言えるのか。信心をやめて誰が救ってくれるというのか。信仰の力で貧乏人と病人を救うことこそ最高の誉《ほま》れではないか——

この戸田の訴えは創価学会という民衆運動を支える要《かなめ》の一つである。仏法を根本に「悲惨《ひさん》」の二字をなくす。戸田のこの思いは「七十五万世帯の達成」や「地球民族主義」「原水爆禁止宣言」などに結実していった。

十九歳の池田は、戸田の「民衆を救おう」という気迫と、思想の巨大さに打たれた。初対面の池田の質問に対して、明快に答えた戸田。その印象を池田はこう綴っている。

〈直截簡明《ちょくせつかんめい》な、しかも誠実な答えが返ってきた。少しの迷いもなく、理論をもてあそぶようなこともない。

「これだ!」と思った。この人の言っていることは本当だ! 私は、この人なら信じられる、と思った。いっさいのもののあまりにも急激な変化のためであろう、何も信じられない、といったような心とともに、しかし、何かを探し求めていたのである〉(『私の履歴書』)

それは池田にとって「本当の言葉」にめぐりあえた喜びでもあった。戸田を人生の師匠に定める。それは「民衆救済に生きる」という戸田の壮大な理想に、自らの人生を投ずることだった。と同時に、それは生涯を通じて、自らの「言葉」で師の理想を人々に語り、実現する闘《たたか》いとならざるをえない。

池田の「言葉の闘争」は、戸田との出会いによって本格的に始まった。その経験は雑誌編集の仕事にも生かされていく。

「一生涯、大聖人《だいしょうにん》の弟子なれば、批判はあることだろう」

戸田のもとで働き始める前、池田の勤め先は自宅近くの蒲田《かまた》工業会だった。戦争によって壊滅《かいめつ》した蒲田周辺で、何十もの中小企業や町工場の再建、復興を手伝う団体である。

「たしか池田君は書記として勤《つと》めていたと思います。私も朝は早いほうだったが、池田君も早くてね。なによりも印象深いのは『お早うございます』という、彼独特の朝のあいさつです。詰め襟の服で、さっそうと出社、事務所の戸が開くと同時に、あのあいさつが部屋中にひびきましてね。雨の降る暗い朝でさえ、パッと、いっぺんに明るい雰囲気になる。だから、彼がおらんと、みんなが寂《さび》しそうな顔をしておる。そういう青年でしたよ」(同会の専務理事だった小田原政男の証言、「現代」一九七〇年二月号)

池田は、この蒲田工業会を惜《お》しまれながら退職する(一九四八年十二月)。戸田の経営する出版社「日本正学館」で働かないかと請《こ》われたためだ。〈(日本正学館では)企画から編集、原稿、挿絵《さしえ》の依頼、受け取り、校正まで、いっさいをしなければならなかった。それでも少年のころからの新聞記者か雑誌記者になりたいとの希望が実現した喜びで、大いに張りきって仕事をしたものである〉(『私の履歴書』)。

二十一歳の池田は、少年向け雑誌「冒険少年」の編集長に就任した。当時の日記からも意気込《いきご》みがうかがえる。

〈戸田先生の会社に、お世話になって、早《はや》、半年。実に、波乱激流の月日であった。……少年雑誌『冒険少年』七月号でき上がる。自分の処女作《しょじょさく》となる。純情なる少年を相手に、文化の先端を進む、編集を、自分の親友と念《おも》い、恋人の如《ごと》く思うて、力の限り、向上発展をさせよう〉(一九四九年五月三十一日)

◇

ちょうどこのころ、池田が書いた「世界一」「日本一」という言葉が、初めて活字になっている。「冒険少年」のタイトルが、「日本少年」という案を経て、「少年日本」へと変わるタイミングだった。

〈皆さんと、もっともっと親密に、そして世界一の少年雑誌にしたいと思いまして、冒少(＝冒険少年)の題名をかえることになりました。一層の御愛読と、御期待とを

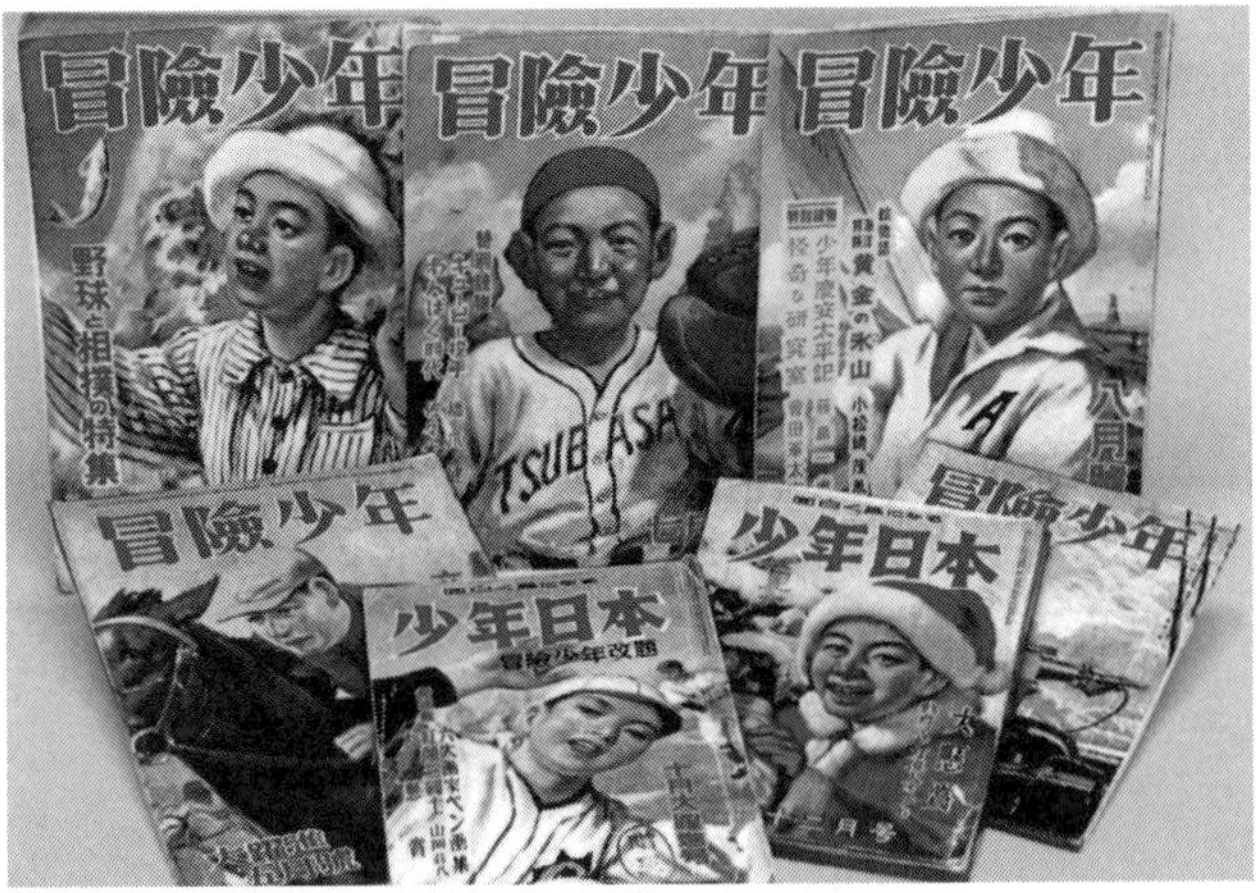

池田が編集に携わった雑誌「冒険少年」と「少年日本」　©Seikyo Shimbun

下さい〉
〈大きさも菊版《きくばん》にして堂々一〇〇頁をとり、断然日本一の「日本少年」として親愛なる皆さんの所にお送りしたいと張切《はりき》っています。楽しみにお待ち下さい〉（いずれも「冒険少年」一九四九年八月号。旧字は新字に改めた）

「世界一」「日本一」を志《こころざ》す池田。日記には、その土台となる「師匠のために」という強烈な思いが記《しる》されている。

〈毎日、忙しい。だが自分に、与えられた課題に、真正面から取り組むことだ。なれば、意義ある仕事になる。苦しくとも、実に楽しい。先生の会社を、日本一の会社にしたい。日本一の雑誌を作り上げねばならぬ〉（六月三日）

〈二時より、編集会議。「冒険少年」の改名問題がでる。日本一の少年雑誌に、何が何でも、仕上げねばならぬ。これが、自分の使命である。戸田先生に御恩をかえす所以《ゆえん》でもある〉（六月四日）

「少年日本」は好評だった。しかし不況に加え、大手出版社の攻勢を受けて、まもなく廃刊《はいかん》となる。〈全く意気《いき》消沈《しょうちん》……自転する地球が、急停止したら、その反動は、大である……昨日まで、全生命を賭《と》した仕事が、急停止したのだ。驚くのは、当然だ〉（十月二十五日）。

しかし、戸田城聖とともに民衆救済に生きるという「世界一」のロマンが潰《つい》えることはなかった。

日記はこう続く。〈世法《せほう》の人々の曲解《きょっかい》を、私は恐れる……先生の指示のもと、私は、再び、次の建設に、何でも、お尽くししてゆけばよい……戸田先生の人格は、嵐や、波浪《はろう》で、押し流されるようなものではない。最終の事業によって、その偉大な、人格の勝利は、決定されるものだ〉。

池田の覚悟は、その後もぶれず、むしろ強まっていった。

〈そしる者には、そしらせておけ。笑う者には、笑わせておけ。そんなものが何だ。吾人《ごじん》を、照覧《しょうらん》するものは、大聖人様あるのみ。小善に、死すること勿《なか》れ。大善に生

きよ。人の為《ため》、世の為、法の為に〉（二十二歳。一九五〇年五月二十九日の日記）

〈本の歴史は、間違いだらけだ。自己の歴史には、自己の胸中《きょうちゅう》の歴史だけは、一分《いちぶん》の、嘘《うそ》も、飾りも書けぬことを知れ〉（同六月十五日）

〈学会批判しきりなり。弱き者は、退《たい》す。強き者は、喜ぶ。大聖人も、賢者ハヨロコビ、愚者《ぐしゃ》ハ退《たい》スルナリ、と。感情の批判、無認識《むにんしき》の誹謗《ひぼう》。当分の間、いや、一生涯、大聖人の弟子なれば、批判はあることだろう。御金言《ごきんげん》（＝日蓮の言葉）なれば――覚悟は盤石《ばんじゃく》〉（二十七歳。一九五五年三月四日）

約二十年後、池田は長編詩「青年の譜」に書いた。

〈笑う者には
汝の笑うに任せよう
誹《そし》る者には
汝の誹るに任せよう
われらには
洋々たる前途に

幾百万年の証明の歴史が待っている
人類悠遠《ゆうえん》の
栄光と勝利の記念塔が待っている〉

利害だけで動く一部のマスコミや言論人からどれだけ冷笑《れいしょう》を浴びせられても、悪意をもって軽《かろ》んじられても、びくともしない池田の精神の土台は、すでに二十代の日々に鍛えられてあった。

「食欲があるか」「体重が増えたか」「うんと食べて題目をあげるんだ」

〈大東亜戦《だいとうあせん》に、若き花と散った青年達よ。それを思うと、今、同じ青年として、生きていることが感謝にたえぬ〉——池田が二十三歳の時の日記である（一九五一年一月十八日）。

〈銃を持ち、戦場に活躍した若人《わこうど》の心境よ。操縦桿《そうじゅうかん》を握り、敵機《てっき》と闘った、青年の心境よ。

何処《いずこ》の国でも、青年だけは、大事にせねばならぬ。未来の祖国の為《ため》に。未来の人類のために。
二十代で死すも、死の一瞬は、刹那《せつな》なり。五十代、八十代で死すも、同じく死は一瞬刹那なり。
悔いなき人生を生きることは、実に難しい。更に、立派に死すことは、もっと難しい。仏法以外に、解決の途《みち》なきを沁々《しみじみ》感ずるなり〉（同）
この二年後、池田は男子部の第一部隊長として、創価学会青年部の最前線の指揮に立った。
〈（戸田）会長より、第一部隊長に就任の発表あり。戦う、第一歩の正月となり、これからの一年を象徴した如くである。健男子として、何ものにも恐れず、青年を率《ひき》いて起《た》とう〉（一九五三年一月二日）
任命から四日後の日記。〈六時、池袋、常在寺において、新部隊長等の就任式をなす。「五丈原《ごじようげん》の歌」を、幾度《いくど》となく、先生、歌わせる。そして、先生自ら、さんさんと泣いて居られた。何のために、泣かれるのか――、この未熟の弟子に悲しまれるのか。自己の未熟なるに、あきれる。二十五歳。勉強せねばならぬ。……自己を練《ね》っていかねばならぬ。修養せねばいけぬ〉（一月六日）。
◇

当時の学会は十五支部である。男子部の部隊は四つしかなかった。第一部隊の所属は小岩（東京の江戸川区が中心）、城東（江東区）、向島（墨田区）の三支部。いずれも下町で、地方出身者や工場勤めの青年が多い。

新潟の江口金吾も第一部隊だった。当時の学会活動は「タテ線」という形態で、入会を勧《すす》めた紹介者と同じ組織で活動することになっていた。新潟は向島支部による弘《ぐ》教《きょう》が進んでいたので、新潟の男子部員の多くが第一部隊に所属した。

江口は早くに両親と死別し、幼いころから病弱な体質だった。苦労して郵便の仕事に就《つ》いたが、肺結核を患《わずら》ってしまい休職。将来の見えないなか学会に入った。池田と出会ったのはその四カ月後である。

〈新潟行き準急にて、新潟方面の折伏《しゃくぶく》に行く。……七時、O宅にて、指導会、出席者、百名〉（池田の日記、一九五四年二月十三日）。池田が初めて新潟を訪れた際の会合は、江口が下宿していた家で行われた。「炭火の火ばちしかないのに、会場は人の熱気が満ちていました」（梶井孝子）。

壮年と婦人が体験発表を行った。二題とも病気を克服した体験だった。江口にとって新鮮な話が続いた。池田は上着を脱ぎ、時折、汗を拭《ふ》きながら語った。「私も病気で苦しみました。胃病とか結核とか、七つの病を患っていた。しかし私はこのように

佐渡での指導会を終え、新潟港に降り立つ池田（1958年7月）
©Seikyo Shimbun

元気になりました」。生気《せいき》みなぎる池田を前に、同い年の江口は圧倒された。

会合終了後も池田は残ったメンバーと懇談を続けた。〈青年部員十一名と、深夜まで語り、激励する。此の地よりも、未来の大指導者の輩出《はいしゅつ》する事を祈りつつ〉（同日の日記）。

江口は後年まで、「先生から『君の一生は僕が面倒を見よう』と言われたこの日が、私の人生の原点になった」と、この夜の感動を語っている。翌日、青年部の分隊長に任命された。「今晩は君の出陣を祝って、一詩を贈るよ」。池田は、〈大聖の 嵐の因縁《えにし》 ある地にて 法旗《ほうき》を高く 君等起《た》ちゆけ〉

と記し、江口に渡している。

「大聖」とは日蓮のことであり、日蓮が流罪《るざい》された佐渡を擁《よう》する新潟は、まさに「因縁ある地」だ。江口の目の前に、想像もしたことのない世界が広がった。それ以来、上京のたびに勇んで池田のもとを訪れた。「先生は青白い顔をしている私を見るたびに『食欲があるか』『体重が増えたか』『うんと食べて題目をあげるんだ』と激励してくださった」。

全快までは十年近くかかった。一九六四年（昭和三十九年）の新潟地震の際は、新潟市議会議員として不眠不休で救援活動に取り組んだ。引退後、二〇〇九年に八十歳で亡くなるまで仏法を語り続けた一生だった。

◇

若き日の池田の言葉によって立ち上がった世代は、青年に限らなかった。誰も経験したことのない戦後の混乱の真っただ中で、創価学会は誰を励まし、誰の人生を変えてきたのか。その原風景を探《さぐ》るために、一人の女性の手記を紹介しておきたい。

三十八度線を越えて

佐藤末子は一九二〇年（大正九年）、福島県の船引町（現・田村市）で生まれた。二十一歳で結婚した。嫁《とつ》ぎ先の三春町は、「日本三大桜」の一つ、樹齢《じゅれい》千年を超える「三春滝桜」で知られる小さな町である。夫の誠は通信担当の軍属として満州（現在の中国東北部）に出征《しゅっせい》した。四〇年（昭和十五年）、末子も満州の首都・新京に渡った。

戦況が悪くなり、突然、夜中に疎開《そかい》命令が出た。ソ連軍の攻撃である。末子は暴徒《ぼうと》に襲《おそ》われないよう坊主頭《ぼうずあたま》にした。そこからの地獄を、末子は詳しく書き残している。〈着のみ着のまま主人と別れ別れに成り、主人は関東軍のほうへ、私と二人の子供は平壌へ下り、そこで終戦となりました〉

五歳と二歳の子を抱え、末子は鉄道司令官の清掃員として働いた。「ソ連兵は日本の婦女子をさらっていく」という話が広がっていた。〈帰宅して子供の顔を見ると、一日無事に過ごせたことが何より幸いだったと思い、その日その日が戦いでした〉。

翌年九月、日本に帰国できると聞いた。一週間分の焼米（保存食）を持ち、二歳の長女を背負い五歳の長男の手を引き、朝から晩まで歩き続けた。力尽きた人が次々と倒れていった。

川が多かった。ずぶ濡れになって渡った。八日目、朝鮮半島を横断《おうだん》する三十八度線まで来た。昼間は越えられない。〈登り八キロ、下り八キロの険《けわ》しい山道で、真っ暗だが国境ゆえに明かりをつけることができず、頭に白いものをかぶりそれを目標に歩く……声を出すこともできず、子どもは靴ずれと雨に濡れて泣き、背中の子どもは動くこともなく、死んだのか生きているのかわからない状態で山を下りました〉。飲まず食わずで丸一日歩き続け、港から帰国船に乗った。二歳の長女は痩《や》せ細り、高熱が続いていた。〈何の手当もできず、医者がいても薬がない。死人がどんどん甲板から薦《こも》に包まれ海に落とされる。(長崎の)佐世保が近づくにつれて山々が見えると懐かしさでいっぱいになりました〉。

佐世保港に着いた。伝染病検査で下船まで一週間ほど待たされた。祖国の大地を目の前にしながら、長女のツヤ子は船の上で息絶《いきた》えた。

◇

夫の誠は無事帰国していた。しかし末子の苦闘は続いた。それまでの無理がたたってしまい、国立郡山《こおりやま》病院に二年以上入院した。肺結核に加え、脊椎《せきつい》カリエスや多くの臓器《ぞうき》不全に苦しんだ。「ここでは手の施《ほどこ》しようがない」と医師から告げられ退院。横浜に移り住み、東京都内の病院を回った。

〈どこの病院に行っても治療方法がないといって入院させてくれませんでした。生地《いき》獄とはこの事かと思い、くる日もくる日も薬と注射《ちゅうしゃ》で生きている毎日でした。ある日近所の奥さんが訪ねて来られ、信心すれば病気はなおり、生活は楽になり、どんな

悩みも解決すると聞かされました。この世の中にそんな事があるかしらと信じられませんでした〉

末子が学会を知ったのは一九五一年（昭和二十六年）の夏のことだった。当時、長男も肺結核で学校を休んでいた。本当に自分も息子も治るのだろうか。末子はこれまで何度も死を決意し、死にきれなかった。夫の誠は猛反対したが説得し、信心を始めた。

「地《ち》に依《よ》って倒れた者は、地に依って起《た》つ以外ない」

〈毎日毎日病魔と戦いながら唱題に励み、時には呼吸困難となり、一日一日が魔との戦いでした〉。末子は横になったまま祈り続けた。一カ月後、座って勤行ができるようになった。台所に立てるようになり、数カ月後、初めて座談会に出席した。

翌年、川崎の南加瀬に引っ越した。夫との口論《こうろん》が絶えず、夫婦仲が裂《さ》けそうになった時、鶴見市場駅に近い佐々木庄作（鶴見支部第二代支部長）の家まで指導を受けに行った。

その場に二十四歳の池田がいた。

家庭のこと。自分の病気のこと。そして、もう一度子どもを産みたいこと。末子の悩みを聞いた池田は、「奥さん、地《ち》に依《よ》って倒れた者は、地に手をついて立つ以外にないでしょう」と語り、悩みを土台にして立ち上がり、何があっても信心根本で生き抜くよう励ました。

この一言が「生涯の指針」になった。〈苦しい時も楽しい時もこの指針を支えに生きた〉と末子は書き残している。

池田の『若き日の日記』には次のような記述がある。師である戸田の事業難を支えていた渦中《かちゅう》である。

〈前途が、暗黒であることを感ずる。先生の胸中、父母の心配を思うと、胸が痛む。地に依って倒れた者は、地に依って起《た》つ以外ない。この現状を、再起させれば、最大の活躍の証明となる。先生に心から歓《よろこ》んで戴《いただ》けることとだ。阿修羅《あしゅら》の如く、奮《ふる》い起とう〉（一九五〇年八月三十日）

大地で倒れた者は、その大地から立ち上がるしかない——日蓮は、亡くなる八カ月前、重病に伏せっていた南条時光《ときみつ》という門下に一通の手紙を書いている（「法華《ほっけ》証明《しょうみょう》抄《しょう》」）。

そこには〈地にたおれ《倒》たる人は、かえりて地よりおく《起》〉という一節がある（御書一

一人でも多くの同志に励ましの言葉を――色紙に揮毫する池田と妻の香峯子（1972年8月、静岡・富士宮市） ©Seikyo Shimbun

五八六ページ、新一九三一ページ）。当時、日蓮は弟子に代筆を頼むほど体が弱っていたが、若くして病に倒れた門下のために自ら筆《ふで》をとった。それがこの「法華証明抄」だった。

同抄には〈人の命には限りがあるから少しも驚いてはいけない。また、鬼神《きじん》どもよ。この人（南条時光）を悩ますとは、剣を逆さまに飲むのか。自ら、大火を抱くのか。三世十方《さんぜじっぽう》の仏の大怨敵《だいおんてき》となるのか〉（現代語訳）等々、火を吐《は》くような激励が書き連《つら》ねられている。病気に直面した時などに、多くの学会員がこれらの御書を教え合い、学び合ってきた。

若き池田もまた、戸田から教わった日蓮の言葉を、自らの体験を通して一つずつ現場に注ぎ込んでいった。二十六歳のある日の日記。

〈蒸《む》し暑い一日であった。身体の調子、全く悪し。肺病、胃病、糖尿病もか。健康になりたい。次第に、身体の衰《おとろ》えゆく事を痛感《つうかん》する。……強盛《ごうじょう》なる信心を確立せねばならぬことを、反省する。宿命との戦い。自分との戦い。これこそ、一生の信心にふさわしい尊い価値だ。

夜、鶴見に講義。講義のたび毎《ごと》に思う、勉強せねばならぬと〉(一九五四年五月十九日)

その翌月の日記。

〈夕刻、鶴見の講義。於鶴見市場S宅。少々、身体を休めたためか、力強い、良い講義が出来て嬉《うれ》しい。終わって個人指導する。京浜急行・鶴見市場駅まで二、三の同志が送ってくれる。感謝の念が心から起こる。

……人の心ほど尊く、美しいものはない。だが一面は、人の心ほど醜《みにく》いものもないであろう。

十九世紀、二十世紀と、機械文明がいくら進歩しても、人の心のこの原理には、変化はない。――十界三千、本有常住《ほんぬじょうじゅう》が、生命の本質であるから〉(同六月十六日)

佐藤末子は、こうした日々のなかで池田が励ました一人だった。

末子はやがて体調を回復し、故郷の福島まで遠出できるようになった。〈病院通いしていた私がうれしくてどこへでも折伏しに行き、本当に楽しい折伏がどんどんできました〉。

◇

二年後、妊娠《にんしん》二カ月であることがわかった。「産めば、あなたが死んでしまう」。助産師《じょさんし》からも、保健所からも止められた。夫と話し合い、唱題を重ね、出産を決めた。産まれた赤ん坊は女の子だった。

「母は満州の話や、私を産んでくれた時の体験談を、包み隠さず、いろんな会合で語っていました」――末子の娘、大内正子。「『この信心で幸福になったのよ』『池田先生とともに生き抜いてきたのよ』と、耳にたこができるくらい聞かされた」と笑って振り返る。

「私が小学三年生の時、母のカリエスが治り、ギプスが外れました。それまでは、地区担（現在の地区女性部長）として学会活動でどこに行くにも歩いていました。『やっと自転車に乗れる』と喜んだ顔が忘れられません」

佐藤末子は五十四歳で亡くなった。娘の正子が二十歳の時だった。「私を産んでから二十年も寿命を延《の》ばしたのです。最後の最後まで、鶴見市場で池田先生から受けた指導を口にしていました。父も信心をまっとうしました」。

末子は亡くなる前年、ちょうど女子部で活動し始めた正子に手紙を送った。遺言のようなその一枚の便箋《びんせん》を、正子は今も大切に持っている。

〈人から云《い》われてやる斗《たたか》いは負ける。自発的に何でも責任を持って進む事です。解《わか》らぬ事は先輩に聞きながら、事故なく……どんな事が有っても勝たねばの一念で頑張って下さい。

私も残る日を一生懸命頑張ります。福運積むのは今ですから頑張って下さいよ。菓子とくだものを入れましたから、皆さんと一緒に食べる様に〉

絶望《ぜつぼう》の淵《ふち》で信仰を抱きしめ、自分の道を自分で切り開いた女性が、娘に残した言葉だった。

◇

「この地上から悲惨の二字をなくしたい」という戸田の悲願を受け継ぎ、目の前の悩める人を懸命に励まし続ける学会員たち。彼ら一人一人こそ、池田が「青年の譜」で讃《たた》えた「午前八時の青年の太陽」だった。自分自身がその先頭を走った青春時代、池田はどんな歴史を切り開いていったのか。さらに探りたい。

第二章

後輩を自分より偉くする——第一部隊①

それは金曜の夕方だった。「昭和三十年ごろです。国鉄（現・ＪＲ）の池袋駅を降りると、いつも長い列ができていました」。中学生だった杉本喜久雄は豊島《としま》公会堂を目指して歩いた。

一九五一年（昭和二十六年）五月、戸田城聖《じょうせい》は創価学会の第二代会長に就任。誰でも参加できる一般講義を始めた。五三年（同二十八年）からは豊島公会堂で開催され、「金曜講義」の愛称で親《した》しまれた。

「御書《ごしょ》（日蓮《にちれん》の遺文集《いぶんしゅう》）の講義などの合間に、戸田先生は『皆の福運《ふくうん》はどれくらいだ？』と呼びかけ、『私の福運はこの公会堂いっぱいです。皆は親指でちょっとすくったくらいだ。十年間しっかり信心すれば必ず変わるぞ』とユーモアたっぷりに話される。子ども心にワクワクしました。満員で中に入れない時は裏木戸《うらきど》へ回り、拡声器《かくせいき》の声を聞きました」

その日も多くの人が場外で戸田の講義に耳を澄ましていた。

「寒いのに申しわけないね」。後ろのほうから若い男性の声が近づいてくる。周囲に

本部幹部会で確信あふれる指導をする戸田（1957年、東京・豊島公会堂）
©Seikyo Shimbun

「池田室長だ」とささやく声が広がった。振り返った杉本は、その時目にした池田大作の笑顔を今も覚えている。

「『遅く来て申しわけないけど、どうしても中に入らなきゃならないので、入れてもらうよ。皆さんのことは全部、戸田先生に報告しておきます』と、私たちにもあいさつされて、颯爽《さつそう》と裏木戸から入っていかれた。ほんの一瞬でしたが、学会にはこんなに丁寧《ていねい》で立派な人がいるのかと、びっくりしました」

◇

宮腰弘も少年時代、母に連れられて戸田の金曜講義に行った。講義の中身は難しくてよくわからなかったが「とても大事なものをつかむことができた」と振り返る。

「戸田先生のしわがれた力強《ちからづよ》い声を一言一句《いちごんいっく》も聞き漏《も》らすまいと、真っ黒な手でメモをとる工員風の男性や、赤ん坊をねんねこ半纏《ばんてん》で背負って参加し、仏法を求める女性の姿です。皆、真剣でした。嬉々《きき》として帰っていく姿を見て、なんとも言葉では言い表せない感動を覚えました」

この金曜講義は、場内だけでは入りきれず、〈豊島公会堂の外にスピーカーを持ち出し、公会堂前の中池袋公園でも講義を聴《き》く人で一杯になった〉（『豊島区制60周年記念　豊島公会堂の40年』）という。

「激務をさいて 嘆《なげ》きの友の声を よく聞いてあげてくれ」

一九五三年（昭和二十八年）は、〈創価学会の発展の歴史にあって、もっとも折伏《しやくぶく》意欲の漲《みなぎ》った年であった〉（小説『人間革命』第七巻）。当時、学会の世帯数は約二万。それを一年間で、七万世帯にまで伸ばそうというのである。それができたとしても、戸田城聖が「達成できなかったならば、私の葬式は出してくださるな」と宣言した七十五万世帯は、はるかに遠い。世帯数が増え、〈指導力の稀薄化《きはくか》が、さまざまな面で露呈《ろてい》しはじめた〉（同）時期でもあった。一歩間違えれば、学会全体が失速しかねない。

〈金曜の豊島公会堂における御書講義は、講義録第二巻による「開目抄」で始まった。戸田は教勢拡大とともに、油断なく教学の振興の手を打っていた。月々激増する学会員のエネルギーを、さらに純粋に維持するものは、日蓮大聖人の正統な教学しかないことを、戦前の苦い経験から彼は知悉《ちしつ》していたからである〉（同）

その陰《かげ》で池田は、病弱な体に悩みながら、師である戸田の体調を心配していた。

当時の日記。〈金曜講義あり。出席。毎週盛況《せいきよう》の模様《もよう》、嬉《うれ》し。先生の確信、先生の名講義を聴講《ちようこう》す。実に嬉《うれ》し。身体の調子、次第に悪化。実に残念なり〉（一九五三年六月十二日)。
〈金曜講義。先生、喉《のど》を痛められている様子。祈る、祈る。広布の日まで、御健在を〉(同十月二日)
〈豊島公会堂、盛況。而《しか》し、先生の病気知れる小生《しょうせい》は、お苦しそうな講義に、ひと
り胸苦し〉(一九五四年二月十二日)
そして豊島公会堂の「金曜講義」スタートに前後して、二十五歳の池田は男子部の
第一部隊長(五三年一月)と、文京支部の支部長代理(同四月)を兼任することになる。

◇

「金曜講義の終わった後、豊島公会堂近くのそば屋の二階に集まったことがありまし
た」。第一部隊に所属していた山田秀弥が語る。「池田先生はそれぞれの班の状況を聞
かれ、ぱっぱっと簡潔に指示を出される。動きに無駄《むだ》がないんですよ」。お互いにそ
ばをすすりながらの短い打ち合わせである。池田は「これから文京支部の会合に行っ
てくるよ」と急ぎ足で店を出た。
三〇〇人強だった第一部隊は、池田が部隊長を務めた一年三カ月で一二〇〇人を超
え、四倍近くまで広がった。また、支部長代理として足繁《あししげ》く通った文京支部の伸展《しんてん》ぶ
りは、戸田城聖をして「文京にマムシでも飲ませたのか」と言わしめるほどだった。

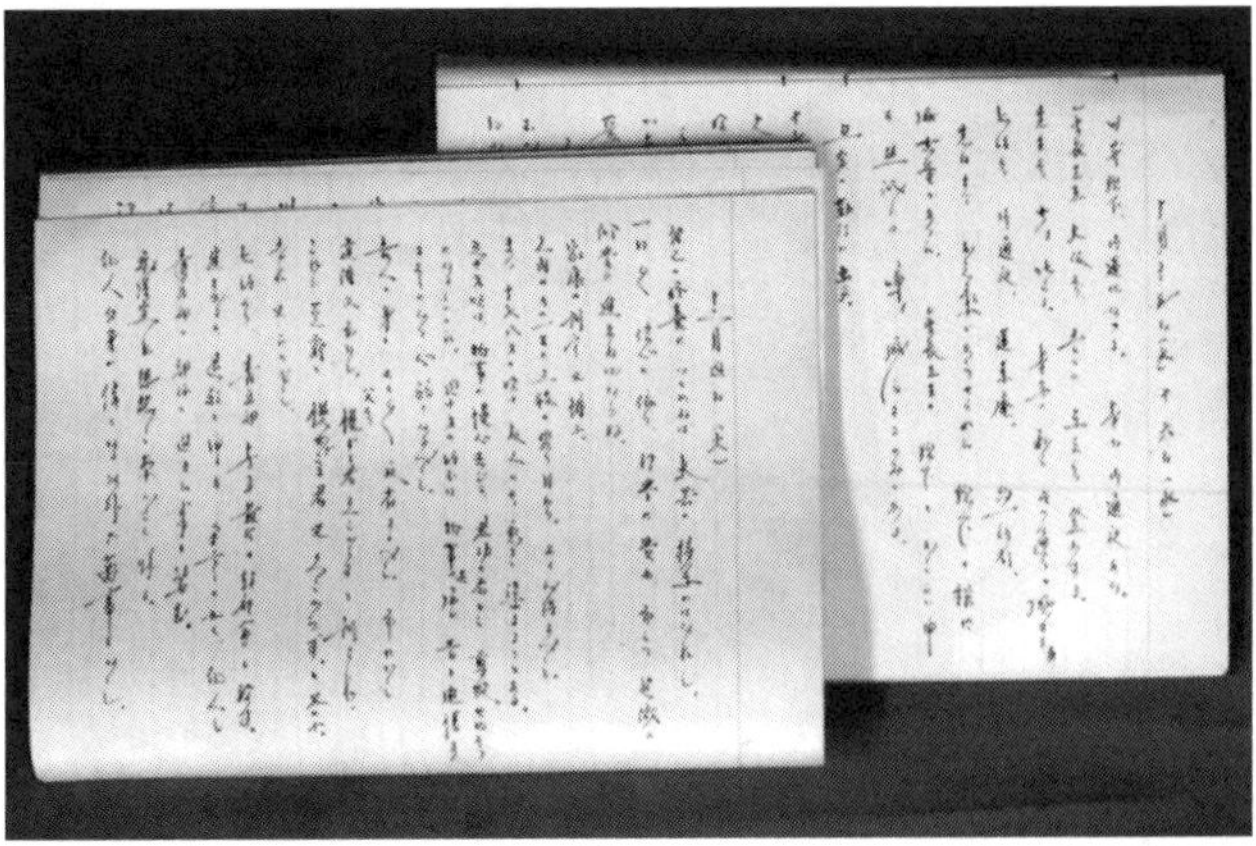

池田が記していた日記。後に『若き日の日記』としてまとめられた
©Seikyo Shimbun

すでに前年の二月、池田は蒲田支部幹事として指揮を執《と》り、「一カ月で二〇一世帯」という、それまでどの支部もやったことのない弘教《ぐきょう》を成《な》し遂《と》げている。「あの時、池田先生の日程表を拝見《はいけん》したことがあります。仕事の合間を縫《ぬ》うようにして、びっしり予定が組み込まれていました」（小泉綏）。

この「二月闘争」と呼ばれる弘教の中で入会した永島文子の息子は、アメリカSGI（創価学会インタナショナル）の理事長を務めたダニエル・ナガシマである。日蓮の仏法が国境を超えて広がる「種《たね》」は、着々と植えられつつあった。

今回、第一部隊や文京支部などで池田と行動をともにした人々に取材を重ね、各地に残る記録を紐解《ひもと》いた。浮かび上がったのは、文字通り「老若男女《ろうにゃくなんにょ》」を励まし続ける強靱《きょうじん》な青年像である。

いっぽう、池田の『若き日の日記』には、師のもとで己《おのれ》を見つめ続ける若者像が記録されている。

弓と矢に譬《たと》えれば、池田が放《はな》つ「言葉の矢」「励ましの矢」は、厳しく自身を省《かえり》みる「鍛錬《たんれん》の弓」「研鑽《けんさん》の弓」を極限まで引き絞《しぼ》ることによって、力《ちから》を増していった。

〈……青年よ!
今日も民衆の真《ま》っ只中《ただなか》で
友好の対話を頼む
わが青年よ!
激務《げきむ》をさいて
嘆《なげ》きの友の声を
よく聞いてあげてくれ〉

この「青年の譜《ふ》」の一節はそのまま、二十代の池田が自らに課《か》したテーマだった。

決して派手ではない、目立たず、地味な対話の連続。そして「自己との対話」の連続。

その日々を追う。

「背に焼けた鉄板を一枚入れたる如《ごと》し」

一九五三年(昭和二十八年)、東京・墨田区。朝の錦糸町駅前に、中村慶和ら男子部第一部隊の面々が、軽快な足音を響《ひび》かせる。彼らの多くが下駄《げた》をつっかけている。着ているのは菜っ葉《なっぱ》服(=作業着)や、着古《きふる》してつるつるになった学生服ばかりだ。

行き先は大森駅近くのアパート秀山荘《しゅうざんそう》。部屋の主《あるじ》は第一部隊長の池田である。赤ん坊を抱えた妻の香峯子が出迎えた。「主人はまもなく帰って来ます。ここにあるものは自由に見てもらって結構ですので、ゆっくりお待ちください」。

玄関を入って左の洋間。机の上には作業中の本やノート、日記が置いてあった。このころの『若き日の日記』の記述にも、不安定な体調との闘いが赤裸々《せきらら》に綴《つづ》られている。

〈身体の具合、悪し。背中に、焼けたる鉄板を一枚入れたるが如《ごと》し。且《か》つ、焼けたる木を、一枝《ひとえだ》、胸中に入れたる感じなり。身体さえ、頑強《がんきょう》に、健康になれば、何も恐れることなし。それは、信心以外に、解決の途《みち》はなし〉(一九五三年二月四日)

〈一日中、身体の具合悪し。苦しい一日であった。健康を欲するのみ〉（同四月七日）
〈心身共に、不調。人生の終幕《しゅうまく》の如き、悲しき思い有り。人生の旅路《たびじ》、二十五星霜《せいそう》。倒れてたまるか。先生のお身体の具合、次第に悪化の様子。先生、頑張って下さい。私も、断固、頑張ります〉（同十一月四日）

第一部隊を支えるメンバーは、平日は夜まで仕事や学会活動で忙しい。部隊長になった池田は日曜の午前も午後も、男子部員たちを結婚二年目の自宅へ招き、御書の勉強会や個人指導に費《つい》やした。

中村慶和は墨田区の小学校を卒業した後、小さな町工場で働いた。浅草の遊園地などに納入《のうにゅう》するメダルをつくった。「東京スカイツリーが建った近くです。屋根は厚紙《あつがみ》にコールタールを塗《ぬ》っただけの安手《やすで》のものでした」。事業不振と借金で苦しみ、一九五二年（昭和二十七年）に信心を始めた。その工場に池田が自転車に乗って訪れたことがある。「『穴がたくさん開いた天井をしげしげと見上げて、『君の工場は、プラネタリウムみたいだねえ』とおっしゃってねえ。その言葉が誠実で、生き生きしていて、思わず吸い込まれそうになった。この人のいる学会にはついていけると思った」（中村慶和）。

同じく第一部隊の鈴木武は小学校を卒業後、志願して海軍航空隊に入った。予科練《よかれん》習生《しゅうせい》として横須賀へ赴《おもむ》いた。「父は台東区蔵前で紙の加工業を営んでいましたが、東京大空襲で自宅が焼け、きょうだい三人と母が死にました」。貧しさに喘《あえ》ぐ五二年十月、先に入会した父の勧《すす》めで信心を始めた。「数カ月後、先生と初めて会った時、力強く励ましていただいた。人生が音を立てて変わった感じがした」と振り返る。

第一部隊の出身者には「秀山荘を訪れるのが何より楽しみでした」(並木辰夫)という人が多い。「手回し式の蓄音機《ちくおんき》でクラシック音楽を聴かせてもらったことも忘れられません。今『若き日の日記』を読むと、体調が優《すぐ》れないなか、本当に励ましていただいたことがわかる。ずいぶん先生の休息の時間を奪《うば》ってしまったと恐縮《きょうしゅく》しています」(中村慶和)。

◇

秀山荘の部屋には本が多かった。「いつもあんなに忙しい部隊長だ。本当に読んでいるのだろうか」。池田の帰宅を待つ間、興味津々《きょうみしんしん》の一人が本棚から一冊取り出した。ページを開くと赤鉛筆の傍線《ぼうせん》や書き込みが目に飛び込んできた。もう一冊、なるべく難しそうな題名の本を手にした。それにも線が引かれていた。

〈六畳の洋室は、室内の四囲《しい》、中央に二列と、数本の書棚で一杯。その書棚には書籍がギッシリと詰《つ》まっていました〉。第一部隊の班長だった曾根原敏夫の証言である(一

九九九年十二月二十六日付「聖教新聞」)。

〈記憶に残っているものだけでも『プルターク英雄伝』『日本文学全集』『世界文学全集』『三国志』『水滸伝』、ホイットマンなどの詩集、百科事典など、そのおびただしい数にビックリ……戸田先生に師事《しじ》してから、これらの本を全部古本屋に売ろうと思ったが、仏法を学び、戸田先生からいろいろなことを教えていただくと、すべて活《い》きてきたとも話されていました〉(同)

曾根原は池田の話が毎回、多岐《たき》にわたることに舌《した》を巻《ま》いていた。こうも証言している。

〈(話は)歴史、科学、小説、詩、哲学など、社会全般にわたる書物から引用されたものでした。昼は仕事に夜は活動に多忙を極《きわ》めるなか、しかも男子部のメンバーに、激励の和歌やメッセージを贈られるなかでのことです。

私は失礼と思いながら「部隊長はいつ勉強されるのですか?」と質問したことがあります。その時、先生は「私の話していることはすべて戸田先生から教えていただいたことだよ」と話されました〉(同)

「一日二十分、読書と思索の時間を」

〈本を読まねばならぬ。若いうちに。老いて、後悔せざる為《ため》にも〉（一九五五年十月二十五日の日記）。〈読書の秋。否、三百六十五日、読書の日にしたいものだ〉（同二十八日）――青春時代、池田にとって読書はこよなき楽しみだった。

戸田も「一流の書を読め」と厳しく鍛えた。

〈幾度《いくど》も、歴史の本を読むよう、常に（戸田）先生はいわれる。大事は、史観《しかん》なりと〉（五三年十月七日）

〈『モンテ・クリスト伯』読了。読書は、智慧《ちえ》も、知識も、指導力も、そして御書の読み方にも、力を与えてくれる〉（一九五四年二月十八日）

〈読書。『プルターク英雄伝』遅く休む。――明日も、又、読もう〉（同六月十二日）。

〈夜、三時頃まで読書。妻に早く休むよう注意受く〉（翌十三日）

第一部隊のメンバーにも「ここにあるものは何でも、好きなものから読んでいい」と言って自宅の本を持って行かせた。

江戸川で活躍した鈴木政行は当時、第一部隊の班長だった。「書名を見ると、私に

第一部隊長時代の池田。長男・博正と妻・香峯子、義母・白木静子（左端）とともに（1953年7月、列車の中で）　©Seikyo Shimbun

は読みたいような本がない（笑い）。やっと『三国志』『水滸伝』を選んで持ち帰ったものです。とにかく青年は本を読め、頭の善《よ》し悪《あ》しではなく、青年は本をむさぼるように読んでいかなくてはならない、といつも言われていた」と語り残している。

ある日の秀山荘。鈴木の服のボタンがとれていたことがある。池田は「ボタンがあるべきところにはボタンをつけなさい」とたしなめた。「私も靴下《くつした》を自分で縫《ぬ》ったんだ。たとえ古くても、破《やぶ》れたところはきちんと縫う。それが『着こなす』ということにつながるんだよ」。

独身時代の池田の日記には〈皆、破れてしまい、靴下一足もなくなる。困った。

自分で、明日の間に合わせに、一足繕《つくろ》う〉(二十二歳)、〈洋服が破れ、うまく縫えぬので困る〉(二十三歳)等の記述がある。

池田は、電球に靴下を履《は》かせれば、しわがきれいに伸びて縫いやすいんだよ、と鈴木に手真似《てまね》で教えた。

◇

高校生だった諸富文紀。「先生の部屋には本棚の上まで本が積んであった。蔵書は文学や哲学に限りませんでした。なかでも『憲法撮要《けんぽうさつよう》』が印象的でした」と振り返る。「大学に行ってから、この本を書いた美濃部達吉が軍国主義者に睨《にら》まれ、昭和十年に発禁《はつきん》処分を受けた歴史を知りました」。

新潟で池田と出会った江口金吾は、「本は読んでいるかい」と尋ねられ、大声で「いいえ」と答えた。「そんなに自信をもって言わなくてもいいよ」と池田。座に笑いが広がった。そして「戸田先生は『青年よ、一日二十分の読書と思索の時間をもて』とおっしゃっている。どんなに忙しくてもそれを実践し抜いた時、大きな力がつくよ」と続けた。

日曜が来ると、第一部隊の班長たちのために、長男の博正をおぶった香峯子がコロッケや天丼、お汁粉《しるこ》を用意した。「おにぎりを握ったよ」「戸田先生からカレーの作り方を教わったんだ」と池田が自ら腕を振るうこともあった。手ぬぐい片手に連れ立って銭湯《せんとう》にも行った。そうしたある日の所感《しょかん》を、池田は次のように綴《つづ》っている。

〈夜、部隊員、二、三人が、指導を受けに来る。可愛い。実に可愛い。退転なきことを切望《せつぼう》する。皆、偉い。皆、勇ましく、苦難と戦い、人々を救っている。苦しき生活とも戦っている。尊《とうと》いことだ。一人一人を、心から大事にせねばならぬ〉（一九五三年十月十二日）

パン代にも困る日々

第一部隊の最初の会合は、一九五三年（昭和二十八年）の一月二十二日、江戸川区の小岩で行われた。信心を始めて一年少しの甚野緑《じんのみどり》は、しぶしぶ参加した。「最初に顔だけ出して、すぐ帰ろう」と思っていた。

「でも夫は会合の雰囲気に魅了《みりょう》されたようですよ」。八十一歳の甚野年子。生前に夫が書き残した手記《しゅき》を机に広げた。

二九年（同四年）生まれの甚野緑は、男六人、女二人のきょうだいだった。三人の兄と弟一人は幼《おさな》くして亡くなった。〈すぐ上の兄も第二次世界大戦で、中国で戦死した。しかも空襲で二回も家を焼かれ……父も持病の神経痛と胃病のため、家の中は苦悩の連続であった〉。

甚野の一家はある新宗教にのめり込んだ。〈やればやるほど家の中は地獄のようであった〉。学会の話を聞いても〈どの信仰も同じ事を云《い》い、結論は布施《ふせ》を上げろと云うに決まっている〉と決め込み、猛烈《もうれつ》に反対した。

まず妹が始めた。〈生まれ変わったような妹の姿に私は何かを感じ、「前の宗教と違う」と思った〉。五一年（同二十六年）の秋にいちおう入会した。

「小理屈《こりくつ》を並べて信仰をさぼっていた」というある日、「すごい人が男子部の第一部隊長になった」と聞かされた。小岩で会合があるらしい。わざわざ墨田から小岩まで行く気が起きなかった。甚野は「本当は電車賃が惜《お》しかった」という。毎日の食費すら足りなかった。

「会合でも折伏でもよく歩いた。二時間、三時間は平気で歩いた」（佐久間昇、当時の第一部隊班長）という時代である。同じく班長だった並木辰夫は「中古の自転車を買えた時は涙が出るほどうれしかった。今の自動車以上の重みがあった」と語る。

会合当日の夜、男子部の先輩が甚野の家まで迎えに来てくれた。〈熱心さに負けて不承不承《ふしょうぶしょう》、「つきあいだ」くらいの軽い気持ちで出席したのである〉。

〈会合に出席してびっくりしてしまった〉と甚野の手記は続く。〈集まった青年たちの服装も貧しく、髪の毛もボサボサであったが……熱気は会場に溢《あふ》れていた〉。宗教とは、老人がするものではなかったのか。

◇

会合の最後に池田は大要《たいよう》、次のように語った。

「きょう集まった諸君のなかには、帰りの電車代にも、またパン代にも困っている人がいるかもしれない。病気で悩んでいる人もいるかもしれない。これらは科学が発達しても絶対に解決できない。そのような問題を根本より解決してゆくのが御本尊であり、その闘いこそ創価学会の宗教革命である」

甚野は初めて出会った池田の一言一言が「私の胸の中につきささった」と書き残している。

「今は誰も信じないだろうが、必ず世の中の人々が、創価学会の正しい哲学と、御本尊様の力を信じる時が来る。その時まで、私に一切を任せてついて来てください。広宣流布は必ずできる。しかも、きょう集まった君たちの手でするのだ」

「我々の闘いが正しいか否《いな》かは歴史が証明してくれるであろう」

二十五歳の池田の全精魂《ぜんせいこん》を込めた話を聞きながら、〈知らず知らずに涙していた〉

という甚野。聞けばあの部隊長は自分と一歳しか違わない。それまで持っていた宗教への偏見《へんけん》も、戦争で荒《すさ》んだ人生観も、一変させるほどの衝撃《しょうげき》だった。
「この日の指導を、夫はほとんどそらんじていました。先生との出会いが、小学校しか出ていない、小さな町の玩具《がんぐ》工場で夜なべ仕事を続けていた夫の人生を変えたのだと思います」（甚野年子）。この五日後、甚野は第一部隊班長の任命を受ける。

〈おお
日蓮が法門は　青年の哲学
反動と憎嫉《ぞうしつ》の要塞《ようさい》に向かって
白馬にまたがり
毅然《きぜん》と陣列行進するであろう〉
（「青年の譜」）

敗戦から八年。誰も見たことのない青年たちの群像《ぐんぞう》が立ち現れようとしていた。

「後輩を自分より偉くしなければ」

〈生命は永遠であり、一生は儚《はかな》し　浅きを去って深きに就《つ》くは丈夫の心なり〉

〈湿《しめ》れる木より火をいだす。御聖訓を色読《しきどく》（＝身をもって読む）しきって戴《いただ》き度《た》い〉

〈（戸田先生の）金曜講義に出席させる様に〉

……甚野たち第一部隊のメンバーが残した資料には、池田から届いた数多くのはがき、色紙などがある。「先生がよほど心配されたのか、夫は一年少しの間に、はがきを二十数通もいただいたようです」（甚野年子）。

「電話なんか、ほとんどの家にない時代です。池田先生は電車の中、活動の行き帰りなど、暇《いとま》を見つけては部員にはがきを書いておられた」（並木辰夫）

戸田は男子部の各部隊に「一〇〇〇人」という目標を示した。第一部隊はまだ三〇〇人余である。六班の体制を、池田は十班に組み直した。

「十人の班長を『部隊十傑《じっけつ》』と呼ばれた。そして各班に十人の分隊長をつくろうと訴えられた。『部隊百傑』です。そして、それぞれの分隊が十人の部員達成を目指す。つまり一〇×一〇×一〇で一〇〇〇です。誰でもわかる明快な道しるべになりまし

た」（並木）

◇

三月——部隊長就任から二カ月が経った。

〈六時、常在寺にて、青年部会。第一部隊、断然、第一位となる。他の三部隊、驚《きよう》歎《たん》の様子なり。先日は、班長全員に歌を託《たく》す〉（三月三日の日記）

「台風の目」の中心にいると、台風そのものの強さに気づかないものである。ある日、男子部全体の会合が終わった後に、池田が第一部隊の幹部を集め、ごく短時間で今後の方針を確かめた。いまは学会の会合でよく見られる光景だが、当時はそうした発想そのものがなかったようだ。〈他の三つの部隊が、がぜん色めきたった〉様子を、佐久間昇が書き残している。

佐久間は多くの青年部員から「第一部隊は、次は何をやるのか」と聞かれた。〈まったく「灯台もと暗し」で、他から池田部隊長のすごさを教わったようなものであった〉。

なにより佐久間が驚嘆《きようたん》したのは、池田が参加した小岩での座談会である。参加した一〇〇人のうち二十人ほどが新来者だった。その日、池田は法華経の本を一冊手にしていたという。〈人生論を悠然《ゆうぜん》と話され、最後は全員が入会を決意した。まさに一編のドラマのようなひとときだった〉。
「私たちのように理詰《りづ》めで追い込んだりしない……話を聞いていると私たちのほうが楽しくなった。みんな膝《ひざ》を乗り出すように聞いていて、ピシッと決まってしまう」（鈴木政行）
また池田は、弘教を決めた人を宣揚《せんよう》した。その姿は「こんなに全精魂込めて、心から一人一人を励ます人がいるのか」（坂本司、当時第一部隊員）と周囲が驚くほどだった。
六月――部隊長就任から五カ月。
〈出席人員、約百名。皆、元気。希望と、決意と、躍動《やくどう》と。――嬉しい。この中より、未来、幾人の高杉晋作《しんさく》が、久坂玄瑞《くさかげんずい》が出現することか。汚れた服――よれよれのシャツ――ばさばさしている髪――而《しか》し、未来を指して生きゆく、青年の尊き瞳《ひとみ》……この百人を、千人に、万人にしてゆくことを、胸深く決意する。後輩を大事にしよう。後輩を、吾《わ》れより偉くせねばならぬ。これが、先輩の、幹部の使命と自覚する〉（六月十七日の日記）
後輩を自分より偉くする、という学会の「指導のモデル」が生まれつつあった。

教学なきところに、戦前の学会は敗北した

弘教とともに最も力を入れたのは教学だった。第一部隊長就任の三カ月後、第一回男子青年部総会で池田は「青年と教学」をテーマに登壇《とうだん》している。「勉強せぬ者はわが弟子ではない」という戸田の指導を紹介し、「教学なき戦いは感情であり、無意味である」と訴えた。

「ともかく教学の研鑽《けんさん》には厳しいものがあった」（佐久間昇）。「第一部隊で最初に学んだ御書は、たしか『観心本尊抄《かんじんのほんぞんしょう》』でした」（並木辰夫）。「撰時抄《せんじしょう》」「当体義抄《とうたいぎしょう》」「如説修行抄《にょせつしゅぎょうしょう》」「顕仏未来記《けんぶつみらいき》」「妙密上人御消息《みょうみつしょうにんごしょうそく》」……これらは第一部隊で研鑽を重ねた御書の一部である。

戦後の創価学会の再建は、戸田城聖の痛切な反省に基《もと》づいていた。戦争中の弾圧で、牢獄《ろうごく》につながれた最高幹部のほとんどが退転し、組織は壊滅《かいめつ》した。なぜなのか――池田は戸田との対話を回想しながら、こう綴っている。

〈戸田先生は、戦時中の大法難を顧《かえり》みて、教学の深化《しんか》の必要を、しみじみと感じておられた。

――それは、信心の過程において、「このような難、このような現象は、こう捉《とら》えていくべきである」「このような場合には、こうしていくべきである」等と、御書には明確に記《しる》されている。このことを、弟子たちに深く教える暇《いとま》がなかった、と。

教学なきところに、戦前の学会は敗北した〉(全集第一三二巻)

◇

どうすれば教学に取り組みやすくなるか。張り合いを持てるか。皆で知恵を絞《しぼ》った。第一部隊で独自に弁論大会を企画し、「現代思想と宗教」「原水爆禁止《げんすいばくきんし》を論《ろん》ず」「生活と宗教」などをテーマに議論を重ねた。

また「教学一般用語120題」という教材もつくった。その範囲は「三障四魔《さんしょうしま》」「法華経不軽品《ふきょうほん》の意義」「無作三身《むささんじん》」「草木成仏」など仏法の基本知識に加え、仏法史上の人物(「阿闍世《あじゃせ》王」「天台」「鳩摩羅什《くまらじゅう》」)、歴史(「熱原の法難」「身延離山の原因」)、さらに「真理と価値の区別」「意識と認識」「弁証法」などの哲学・思想一般にも及んだ。

教学に取り組む姿勢について、池田は『若き日の日記』でこう述べている。

〈教学なき者は、将来の立派な指導者になれぬことを力説する。わたしは、試験はいらないと思う。しかし、時代は、試験制度を必要としている。大学の試験の合格者の

第２回「男子青年部総会」で、宣誓を読み上げる第一部隊長の池田。〝全人類救出の大目的に身命を捧げん〟と（1953年12月、東京）
©Seikyo Shimbun

みが偉いのか――。学会の教学試験に合格せし人が幸福か――。所詮、生涯にわたる人生で実験し、明確に証明するのみである〉（一九五四年六月二十九日）

「書く」機会も増やした。下町の第一部隊は町工場の働き手が多かった。「みんな書くことは大の苦手だった（笑い）。そんな私たちに、先生はよく会合や登山会の感想文を書く訓練もしてくださった。今考えると冷や汗ものだが、その感想文を集めて『大白蓮華《だいびやくれんげ》』誌上に掲載するような配慮までしてくださった」（曾根原敏夫の回想）。

「まずやらせることが訓練の基本だった。数字に弱い人には会計をやらせてみる、というように、なぜ苦手なことをと思う人もいたが、そうして力をつけてくださった」（鈴木政行の回想）

「『夜討《ようう》ち朝駆《あさが》け』でご迷惑をかけたと思います。私は総会の前日の夜遅く、研究発表の原稿を持ち込んだことがあります」（曾根原敏夫の回想）

「よく来たな」。池田は快く秀山荘に迎え入れた。この年の末に行われた男子部総会で、第一部隊の結集は一〇〇〇人を超えた。

昼は太陽に向かって　夜なら月に向かって

第一部隊時代の対話からは、日蓮の仏法に「現代」の血が通《かよ》い、庶民の生活に根づいていく過程が垣間《かいま》見《み》える。

「人間は一個の生命であり、宇宙もまた一個の生命である」――池田が「祈り」について語ったたとえ話を、甚野が書き残していた。

――たとえば私たちの体の細胞が一つ、怪我をしたとする。細胞は昼も夜も、脳に「痛い、早くなんとかしてくれ」と訴える。そこで脳は「それほど痛いのか、苦しいのか。よし、その願いを聞いてやろう」ということで、薬をつけるなり、医者に見せるなりして全快する。細胞にとっては切なる願いが叶《かな》ったことになる。

信心も同じだ。私たちの祈りが宇宙に満ちて、相手に通じる。真剣な祈りは、ラジオの電波のように、この宇宙のどこまでも届き、願いが叶う――。

誰でもわかるような比喩《ひゆ》を交えて、仏法の原理に迫った。

菊田四郎は江東区に住み、タクシー運転手をしていた。「あの日は四ツ谷駅の近くでお客さんを乗せて、日本橋方面に行きました。靖国通りの九段坂あたりで、気づいたんですよ」。

バックミラー越しに菊田は「池田部隊長ではありませんか」と声をかけた。「はい。ぼくのことを知っているんですか？」。「第一部隊の菊田と申します」。「儲《もう》かりますか」と池田。「少しも儲かりません」と答えた。「車中でいろいろな話を聞いていただきました。不規則《ふきそく》な勤務形態《きんむけいたい》で、夜起きて朝に寝ることもあった。なかなか御本尊に向かう時間がとれずにいました」。

池田は「昼間は太陽に向かって題目を唱え、夜だったら月に向かって題目を唱えればいいんだよ」と励ました。「そうなのか、と心が軽くなった。あの一言で信心に目覚めました」と菊田は振り返る。

◇

八十五歳になる内山和男。敗戦後、葛飾にあった国鉄の請負《うけおい》工場でレールの枕木《まくらぎ》や釘《くぎ》を作った。吃音《きつおん》でうまく話せないことが悩みだった。朝鮮戦争の特需《とくじゅ》で生活は潤《うるお》ったが、妻の喜久江が急性の膵臓炎《すいぞうえん》になった。死線《しせん》をさまよっていた時、学会の話を聞いた。

「最初は妻の入院している部屋に御本尊を安置しました」という内山。信心を始めて一カ月後、第一部隊の総会に参加した（一九五四年三月十四日）。「民衆の味方は創価学会である」という池田の肉声に触れて、「胸をえぐられるような感動を覚えた。こういう世界があったのか、と身震《みぶる》いが止まらず、涙で顔がくしゃくしゃになった」と語る。

「大卒の初任給が七〇〇〇円くらい。妻の治療に使うペニシリンも一本七〇〇〇円でした」。妻は退院できたが、何度かぶり返した。自身の吃音も一進一退を繰り返していた。

「ある日、学会本部で行われた会合で、先生が私たちの車座《くるまざ》に入られました」

池田は内山に断言《だんげん》した。「信心とは祈ることだ。『無量義《むりょうぎ》とは一法《いっぽう》より生《しょう》ず』だよ。一法は南無妙法蓮華経です。この題目で、仏の無量の智慧を引き出せる。御本尊を根本にすれば、必ず境涯が開けます」。

「あの言葉を生命に刻んだ」と内山は語る。入会の翌年には五〇〇人強の男子部の隊長として、四年後には一四〇〇世帯の壮年部地区幹事として、全国を駆け回った。

「信心する前は、人前であいさつも満足にできなかった私です。吃音も、妻の病気も治っていました」。

シベリアの凍土《とうど》から

「あの第一部隊の時期に一生の基盤をつくっていただいた」と語るのは八十八歳の赤須雪秀《ゆきひで》。一九二四年（大正十三年）、寺島町（現・墨田区）で生まれた。父は市電の運転手だった。「父は胃がんで亡くなった時、四十二歳でした。三十六歳の母と七人の子どもが残りました」。雪秀は小学校の校長に頼み込んで、卒業後に小学校の給仕《きゆうじ》として四年間働いた。

太平洋戦争では四四年（昭和十九年）秋、陸軍に入営し中国北部に派遣《はけん》された。しかし敗戦の色濃く、帰還《きかん》命令を受けて帰国する途中、朝鮮半島の興南で敗戦を迎えたという。

「終戦を告《つ》げる玉音《ぎよくおん》放送は、ガーガーと雑音で聞こえなかった。三八銃に彫《ほ》り込まれていた菊《きく》の御紋《ごもん》を『敵に渡してはならん』と、泣きながら削《けず》りました。間もなく機関銃を構えたソ連軍がやってきて、シベリアに抑留《よくりゆう》されました」

三重の鉄条網《てつじようもう》に囲《かこ》まれたラーゲリ（＝収容所）は、外気が零下《れいか》四十度にもなる。ソ連兵は赤須が持っていたそろばんを珍《めずら》しがった。小学校の給仕時代に身につけた経理の知識を活《い》かし、食料の計算係などをやった。

炭鉱《たんこう》の労役《ろうえき》についた時、落盤《らくばん》事故で首に重傷を負った。「事故で死んだ戦友を、せめて埋《う》めてやりたくてね。丘の地面にスコップを突き刺したが、固い凍土《とうど》で、なかなか掘れなくて……」。やっとの思いでつくった浅い穴に亡骸《なきがら》を寝かせて、土をかぶせた。空を見上げると、亡骸を狙《ねら》う無数の鳥たちが悠々と舞っていた。その光景が何度も夢に出てきた。

悪化する首の傷と栄養失調に苦しんだ。まともな薬も医療設備《いりょうせつび》もない。運よく病院船に乗ることができ、四七年（同二十二年）二月、日本の土を踏《ふ》んだ。

◇

帰国後に勤めた会社で星生務《せいりゅう》（草創期の向島支部長）や曾根原敏夫と知り合い、五一年（同二十六年）四月、学会に入った。初めて参加した会合が、戸田の第二代会長就任式だった。「七十五万世帯の宣言を聞き、これはすごいと思いました。池田先生と出会ったのはその数カ月後です」。

「おいくつですか」と池田に声をかけられ、赤須は「二十七歳です」と答えた。「『不肖《ふしょう》、池田は二十三歳です』と両肩をがっちりつかんで、『今日から友だちになりましょう』と目を合わせました。精悍《せいかん》な顔、凛々《りり》しい声。何よりその真剣さに心を打たれた。男が男に惚《ほ》れる、とはあのことでした」。池田の気迫はシベリアで地獄を見てきた赤須の心をつかんだ。

第一部隊の最初の班長会は、墨田区寺島町（当時）の赤須宅で開かれた。「その時に先生から教わった御書が『わが家の魂《たましい》』になった」と語る。

〈妙法蓮華経と唱え持《たも》つといふとも、もし己心《こしん》の外《ほか》に法ありと思わば、全《まった》く妙法《みょうほう》にあらず、麤法《そほう》（＝不完全な教え）なり〉（一生成仏抄、御書三八三ジペー、新三一六ジペー）

――たとえ信心しているとしても、もし〝自分の心以外のどこかに妙法がある〟と思うならば、それはまったく妙法ではない――。つまり、ほかでもない自分自身の生命にこそ、仏の生命力が具《そな》わっていると説く、日蓮の教えの要《かなめ》である。

池田は「自分の失敗を人の責任、環境のせいにしていたら成仏《じょうぶつ》できない。成仏とは人間革命ということです。この『一生成仏抄』を、わが身をもって読みきれば、全部の御書に通ずる。わかっていく」と訴えた。

「壮年部になってからも、何度も何度も厳しく指導していただきました。師匠とはなによりもありがたい存在です。ひとたび縁《えん》した人は一生涯、面倒をみる。これが池田先生の思いではないでしょうか」（赤須雪秀）

青年部の体育大会「世紀の祭典」で、出場者の健闘をたたえる戸田（右）と池田（1954年11月、東京・世田谷区）　©Seikyo Shimbun

「誇りのみで、官僚化し、己惚《うぬぼ》れてゆく事を心配する」

事《こと》を成《な》そうとする時、乗り越えるべき壁は外側にも、内側にも生まれる。『若き日の日記』には時折、「青年を軽んじる幹部」への怒りが叩《たた》きつけるように綴られている。

〈学会青年部は、誰よりも私が一番愛している。此《こ》の人達を、なんとか、日本はおろか、世界の檜舞台《ひのきぶたい》で活躍させてあげねばならぬ。決して、先輩達が、広布の総仕上げを遂行《すいこう》するのではない〉（一九五四年六月九日）

〈青年部会、午後七時。出席……元気な

し。私は憤激《ふんげき》す。青年は可愛い。その青年をいじめる権威主義の、最高幹部達に。学会の前進を知れといいたい。先生の恩を忘れたかと怒る。恐ろし、恐ろし。われ淋《さび》し〉（一九五六年七月十七日）

また、第一部隊長を終えるころから、日記には創価学会全体の未来を展望する記述が増えていく。

〈生きる。社会に働く。そして、やがては死んでゆく。万人悉《ことごと》く、異《こと》なる人生である。不思議でならぬ。真の平等とは、何を指すか。生命の因果《いんが》の理法《りほう》が、明確にわかってくる。……活気ある本部。而《しか》し、職員の訓練、指導を立派にし、更に、適材適所に人を配置してゆかねば、将来、行き詰まることを憂《うれ》う。先生の下《もと》という、誇りのみで、官僚化し、己惚《うぬぼ》れてゆく事を心配する〉（一九五四年四月六日）

◇

「池田先生はともかく青年を大事にされた」、その反対に「支部の成果が悪いと、壮年の幹部は青年ばかりを追及《ついきゅう》した（笑い）」と甚野緑が語り残している。

ある座談会。池田は、ふだん青年につらくあたっている壮年幹部たちに対し、いくつかの社会問題について質問した。誰も答えられなかった。池田は「今、青年部は将来の飛躍のために、広宣流布の人材となるために、そういうことも勉強しているのです。どうか青年を大事にしてください」と頭を下げた。

その場にいた甚野。「実は私もその答えはわからなかったのですが（笑い）、そのように守ってくださった。だから皆、安心してついていった」。

一九五四年（昭和二十九年）四月十一日が、第一部隊長として最後の会合だった。

〈皆、別れるのが、淋《さび》しそう。良く戦ってくれた。感謝する。良くついて来てくれた。有難《ありがと》う。良く耐《た》えて来てくれた。天晴《あっぱ》れだ。君達を、生涯、断固、護《まも》ることだろう。帰宅、十一時を過ぎる。途中、新橋にて、今までの代表幹部、二、三名を誘い、やき鳥を御馳走する。『永遠の都』の本を贈る〉（一九五四年四月十一日）

一週間後の日記には、池田の率直な悩みが綴られている。

〈死ぬほどつらい、疲れている。……人材が欲しい。人材を育てよ。人材を見つけ出せ。阿部次郎の『三太郎の日記』を読む〉（同四月十八日）

〈自分を知ってくれる友は、少ない。自分を信じてくれる同志は、少ない。吾《わ》れを真実育ててくれる人は、少ない。吾れを本当に護ってくれる人も、少ない。

いや、その甘い考えがいけないのだ。一切法といえども、一念にある。人を批判する前に、自己を、自分を、吾れをと、反省し、自らの信心の凝視《ぎょうし》を忘るるな〉（同四月十九日）

このころ——池田は数々の役職を兼《か》ねながら、かつて「あるのかないのかわからない」と言われるほど低迷していた一つの支部を立て直すために奔走《ほんそう》していた。

東京の文京支部である。

第三章
文京支部長代理として

田中正一は「威張《いば》る人間」が大嫌いだった。東京・文京区の雑司ケ谷《ぞうしがや》（現・目白台）に住み、高田老松町《おいまつ》（同）で米屋を経営していた。妻の都伎子《つぎこ》の強い勧《すす》めで創価学会の信心を始め、何人かに弘教《ぐきょう》も決めていたが、会合に出たがらなかった。それまで出会った学会の幹部のなかに、威張る人間がいたからである。

この田中正一の家が、文京支部の数少ない拠点《きょてん》の一つだった。一九五二年（昭和二十七年）の十二月から都伎子が支部長として奮闘《ふんとう》したが、低迷《ていめい》していた。悩み抜いた都伎子は翌年四月、会長の戸田城聖《じょうせい》に相談した。

戸田は二十五歳の池田大作を文京支部の支部長代理に抜擢《ばってき》する。男子部の第一部隊長と兼任《けんにん》だった。

敗戦から八年――この年、明治時代から続いた旧制《きゅうせい》大学が最後の卒業式を行い、東京地区でテレビの本放送が始まっている。

「未来の人」「孤独《こどく》の人」「誠実なる人」を守れ

田中都伎子はまだ、池田の存在をほとんど知らなかった。戸田は都伎子に「僕の懐《ふところがたな》刀を出そう」と言い、「大は若いが、恐ろしいほどすごい男だぞ。僕の胸のここらにいる男だからな」と自分の心臓のあたりをたたいた。

六歳だった長男の芳雄。「その日、母に手を引かれて戸田先生のもとに行きました。話の内容はわかりませんが、帰り道、母の顔色が見違えるように明るかったことを覚えています」と語る。

このころの池田の日記には、戸田からの厳しい指導、自身の闘病《とうびょう》、未来への展望《てんぼう》などに交《ま》じって、「リーダー像の模索《もさく》」が綴《つづ》られている。

〈青年を大事にする先輩は少ない。否《いな》、いない。自分のことで、精一杯《せいいっぱい》なのか。先生なきあと、各先輩が、次期の人材を育てることを忘却《ぼうきゃく》したら、広布の総仕上げは出来ぬことを反省して貰《もら》いたい。信心にかこつけて、尊敬されゆく役職を、私は心配する〉（五二年十二月二十二日）

〈……教学の度《たび》に思うことは、勉強不足である。勉学の必要を、深く深く感ずる……

学会の幹部は、未来の人、そして、孤独《こどく》の人、誠実なる人を、心から激励し、擁護《ようご》してあげねばならぬ〉（五三年三月九日）

文京支部で池田は自《みずか》ら「未来の人」「孤独の人」「誠実なる人」を見出し、励まし始める。そして第三代会長に就任するまでの七年間、陰《かげ》になり日向《ひなた》になり、支え続けた。

同支部の勢いは「正直言って、まったく息つく暇もなかった。地上一尺《いっしゃく》（＝約三十センチ）のところを無我夢中《むがむちゅう》で駆け出した感じ」（田中都伎子）だったという。その間、世帯数はじつに七万を超え、やがて文京、横須賀、新宿の三支部に発展。当初の文京、豊島、武蔵野（以上、東京）、保土ケ谷、橋本（以上、神奈川）の五地区から、全国に多くの地区が誕生していく。

国境を超えて広がったＳＧＩ（創価学会インタナショナル）の「組織の原型」を、池田は文京支部時代につくりあげたとも言える。その日々の証言は、二十代後半から三十代前半の池田が、一人一人に何を語ってきたのかの記録でもある。

朝は朝星、夜は夜星

田中正一は一九一二年（大正元年）に生まれ、浮《う》き沈《しず》みの激しい十代を過ごした。

生家《せいか》は旧東海道の品川・鈴ケ森で名高い料亭を営《いとな》み、海苔《のり》の製造も手がけた。

「寺の檀家総代《だんかそうだい》や神社の氏子《うじこ》総代を何代も務めた名家でしたが、父が小学生の時に祖母が亡くなり、しばらくして祖父も亡くなり、番頭が相場《そうば》（＝投機的な取り引き）に手を出して破産したそうです」（田中芳雄）

四人のきょうだいは離散《りさん》。長男の正一は、深川の米屋へ丁稚奉公《でっちぼうこう》に出された。十六歳だった。上野の西郷隆盛《たかもり》像の前で、数人の級友と別れを惜《お》しんだ。正一以外は全員、進学である。その時の寂《さび》しさを後年まで思い起こした。

「一日中働く」ことを、ことわざで「朝は朝星、夜は夜星」という。〈夜が明けないうちに起きて、早朝、大八車《だいはちぐるま》を引いて神田の米問屋まで仕入れに行く。まずこれが日課《にっか》の始まりであった〉〈私の毎日というのは、文字通りこのことわざ通りであった〉（正一の手記）。

集金の帰り道、日比谷公園で疲れた足を休めながら、皇居《こうきょ》を眺《なが》めては「あそこと取り引きできたら、お金のとりっぱぐれがなくていいな」と夢を思い描いた。

二十四歳で独立。飯田橋に米屋を開いた。都伎子と結婚し、小石川区（現・文京区）に移った四一年（昭和十六年）、太平洋戦争が始まった。東京は空襲で焼かれ、戦後も配給制《はいきゅうせい》で思うような商《あきな》いはできなかった。

五〇年（同二十五年）の春、二歳だった長女の高木博子が鉛《なまり》のおもちゃを飲み込んだ。病院に担《かつ》ぎ込んだが、胃を調べるための器具が食道を傷つけて化膿《かのう》し、生死をさまよった。正一が学会に入ったのはその時である。三十七歳だった。「一家で信心を始めて数日後には（自分は）元気に退院したそうです」と博子は笑顔で語る。

さらに一年も経たないうちに、家業の米屋が宮内庁御用達《くないちょうごようたし》に選ばれ、同庁に納めるようになった。十代からの夢が実現したのである。不思議なものだと喜びながらも、正一は学会活動を避《さ》けがちで、熱心な都伎子の陰《かげ》に隠れていた。

この正一の心を一変させたのは、二十五歳の池田との出会いだった。

◇

池田が初めて雑司ケ谷の田中宅を訪れたのは、五三年（同二十八年）四月二十五日だった。文京支部の班長会である。案内もなく、ずいぶん道に迷った。「池田先生を表通りまで迎えに行けばよかったのに、成果が出なくて落ち込んでいて、気配《きくば》りする余裕もなかった」（井上太平。当時、橋本地区）という。この会合に参加した人々が残した証言によれば、池田はまず、題目三唱の「声を合わせる」ところから始めた。

「やり直し、やり直しで、やっと合った。その時先生は『呼吸が合えば、戦いは必ず勝つ。呼吸が合わなければ、何をやっても負けてしまうものだ。それが戦いの根本で

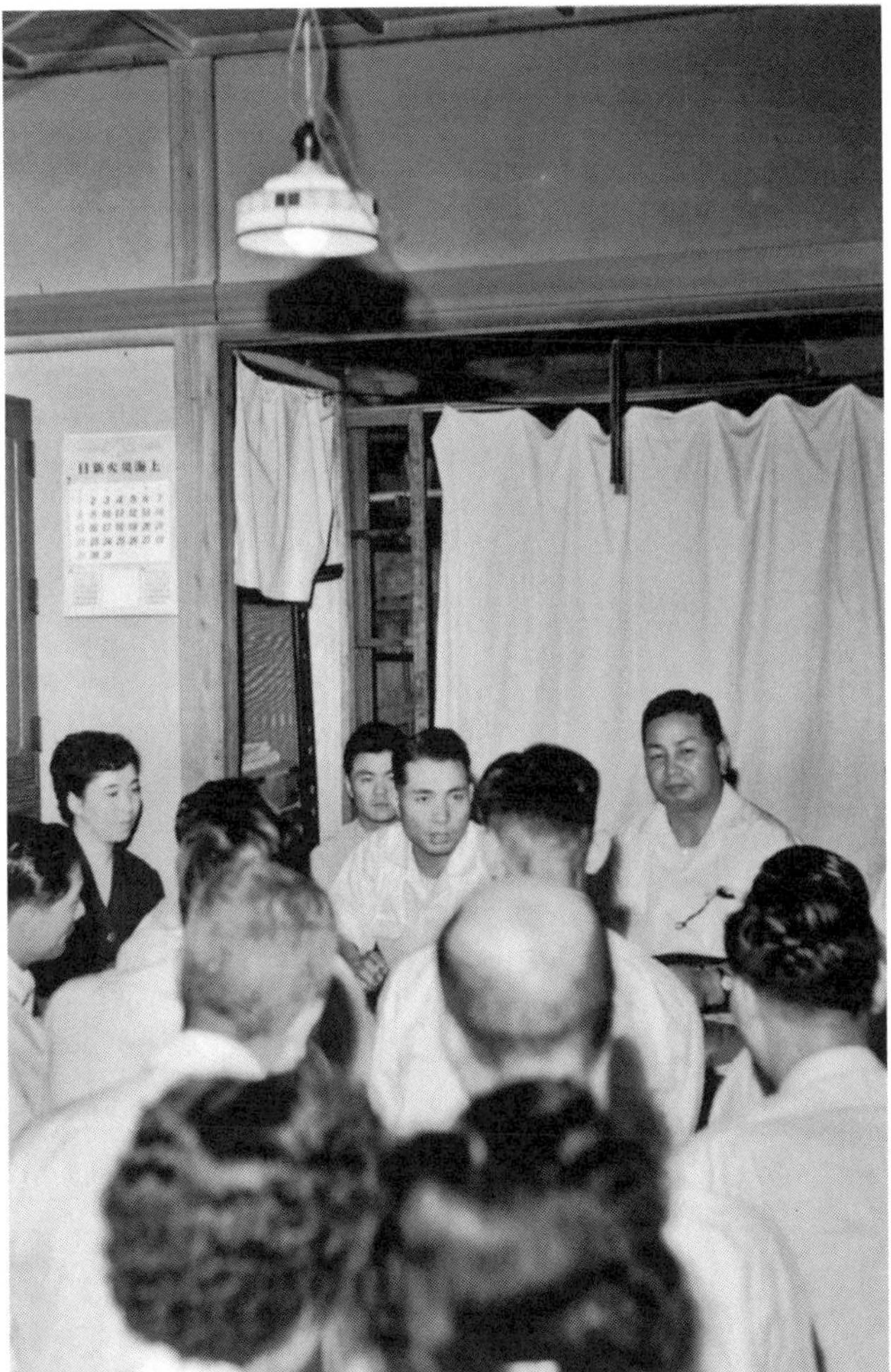

文京支部の同志に、気迫を込めて指導（1956年7月） ©Seikyo Shimbun

す』と言われた」（宮崎正義。当時、保土ケ谷地区）

信心を始めて一カ月だった太田久雄（当時、武蔵野地区）。「私の記憶では題目三唱を九回やり直され、十回目にやっとそろった。それまでそんなことは一度も言われたことがなかったので、本当に驚《おどろ》いた」。

「皆の個の力《ちから》は小さいが、力を合わせれば一人の力が五にも十にもなる」という一言が忘れられないメンバーもいた。池田はその場で「ひと月二〇〇世帯の弘教《ぐきょう》を目指そう」と語った。それまでは、どれだけやっても一〇〇世帯にも届かない現状だった。

「いったい誰がやるのかしら」と目を丸くする婦人部員もいた。「先生は『驚いた？』と言われ、懇々《こんこん》と蒲田支部の例をあげて『必ずできる』と話されました」（井上シマ子。当時、文京支部婦人部長）。蒲田支部で池田は、すでに「ひと月二〇〇世帯」を達成した経験があった。

「思ったよりいい支部です」と励ましつつ、池田は「文京は人柄がいい。しかしそれだけではいけない」と訴えた。「人間には意地というものが必要だ。文京にはその意地がない。必ずこうなるのだ、こうするのだという意地を出そう」。そしてこの日から三回にわたって日蓮の「諸法実相抄《しょほうじっそうしょう》」を講義した。

家主である田中正一は、自宅で会合のある時、皆に見つからないように静かに帰宅し、別室に入り、一人で夕食をとっていた。「その日も父はそーっと帰ってきたそうです」（長女の高木博子）。そこへ、「田中さんのご主人！」と池田が声をかけた。見つかってしまった正一は、会合中の六畳間におずおずと顔を出した。

「お邪魔《じゃま》しています。いつも奥様はご苦労さまです」「ご主人もこちらへいらしてください。なんにも話さなくていいんですよ」。この池田の一言で、正一の緊張《きんちょう》がほぐれた。誰よりも妻の都伎子が喜んだ。

「父は最初、『この人はいったい何歳だろうと思った』と言っていました」（次男の田中清文）。「威張らない。隙《すき》がない。祈り方も、覇気《はき》も、話の内容も、それまでのどの幹部とも違って、父は反発する理由がなくなったのでしょう。それからは、何でも池田先生に相談するようになりました」（田中芳雄）。

その日を境《さかい》に、正一は信心に本腰《ほんごし》を入れた。地区部長を経《へ》て、二年足らずで文京支部長に就任。少年時代から「朝は朝星、夜は夜星」で鍛《きた》えた意地を、学会活動に注《そそ》ぎ込んでいく。

座談会は「幹部」が「一兵卒《いっぺいそつ》」の働きを

〈先生が真っ先に手を打たれたのは座談会だった〉(田中正一の手記)。池田は座談会について〈中心者がわからせよう、わからせようと話して、一方通行になってはいけない、聞き上手になりなさい〉〈家庭のこと、経済のこと、なんでも聞いてあげなさい。そのなかから人と人とのつながりができて組織はよくなる〉(同)と強調した。

文京支部の沼津地区に所属していた陶山《すやま》智恵子。「沼津の会合で『どうしたら折伏できますか』と質問した時、先生から一言、『座談会に誘うことですよ』と教わりました」。

「座談会は幹部が一兵卒《いっぺいそつ》の働きをせよ」(一九五六年九月九日、文京支部指導会)、「学会はいま組座談会(=最も小規模の座談会)によって、歴史も訓練も、組織もつくられている。もし、これを軽視《けいし》するようなことがあれば、すべてを軽視することに通ずる」(同十月二十五日、文京支部班長会)。池田はこの鉄則を貫いた。

文京支部に派遣《はけん》されて二カ月後。〈本日までの折伏、百十四世帯。支部発足以来の成果となる。来月は、二百世帯突破を誓い合う〉(一九五三年六月二十一日の日記)。

四カ月後の十月は、弘教の数が三〇〇世帯を突破。

〈蒲田・矢口にて、（大阪支部の）白木義一郎夫妻と会う。大阪において、敢闘《かんとう》の由《よし》、慶賀《けいが》にたえず。「九月度の本尊流布は、文京に破られた」と、口惜しそうであった。善人、善友の多幸を祈る。夕刻、田中支部長宅に飛ぶ〉（同十月一日）

〈秋雨。一日一日の過ぎゆくことの速きことよ。大河の流れに似たり。吾《わ》れ、いか程《ほど》の成長ありや。猛省《もうせい》せん……明日の地区部長会の打ち合わせに、幹事二人、来宅〉（同十七日）

〈午後、支部長宅へ。五時より地区部長会。皆元気である。嬉《うれ》しい。唯《ただ》、各自の生活のことが心配でならぬ。而《しか》し、皆、功徳に輝いた顔である。よく成長したものだ。よく自分と戦ってくれた。感謝にたえぬ。その顔、その人、その功徳をば、妙法は、永久に照らすことだろう。私も、一生涯、決して忘れない〉（同十八日）

そして十二月は四〇〇世帯を超えた。座談会を通して、無数の「一対一の対話」が生まれていった。

◇

「あれは昭和二十八年の五月でした」。九十二歳の金子都峯子《つねこ》が語る。「姉に連れられて座談会に行ったんですが、私のほうが先に信心を始めたんですよ」。

戦争中、姉のやす子は満州（現在の中国東北部）の延吉《えんきつ》に住んだ。職業軍人の夫はニューギニアで餓死《がし》した。「神社に日参《にっさん》していた姉は、『この世は神も仏もない』と思うようになって帰国しました」。

妹の都峯子も「死ぬことばかり考えていた」という。父の事業が失敗し、夫の光希《てるき》は勤めていた会社が倒産。そのうえ結核になった。「三人の子のうち長男も結核、喘《ぜん》息《そく》、大腸炎でやせ細り、治療費どころか食費にも事欠《ことか》き、笑い声の聞かれない家でした」と振り返る。

敗戦後、姉のやす子は行政書士の資格をとった。事務所に来た客が学会の話をし、座談会場の地図を書き置きして帰った。やす子は「あなたは不幸続きだから、聞いてみてよかったらやりなさい」と言って都峯子を誘った。

姉妹は地図を頼りに、池袋駅近くの「杉田屋」という看板を探した。染物屋だった杉浦寛樹（初代の豊島地区部長）の家である。「姉はすぐ帰れるように出口近くに座り、私はなぜか最前列に座りました」。その座談会の担当は池田だった。

◇

「いくら親孝行しても、人に信用されても、福運《ふくうん》というものが消えてしまえば幸せになれません」「一番大切なのはあなた自身の福運です」と語る池田の話を目の前で聞きながら、金子都峯子は「この人はよくわが家のことがわかるなあ」「こんな若い人が宗教をしているのか」と驚いた。そして池田に、東京物理学校（現・東京理科大学）の学生だった兄の話をした。

――優秀な兄の栄《さかえ》を卒業させるため、病弱だった両親を支え、三人の弟妹は進学をあきらめて働いた。やす子は日本橋の三越に、都峯子は貯金局に勤めた。しかし兄の栄は卒業直前、結核で倒れてしまった。苦しい療養《りょうよう》生活の末、「人間が生きていくための正しい宗教があるわけだから、探してきてくれ」と言い残して亡くなった――。

「兄の言葉はすっかり忘れていましたが、あの時、先生の話を聞いているうちに思い出したのです」。

正直者が損をする世の中ではないか。人生は不公平ではないか。都峯子はそうした思いを吐露《とろ》した。池田は「お兄さんは最後まで正法《しょうほう》を求めていたんです。ご冥福《めいふく》を祈ってあげてください」「人間だから南無妙法蓮華経と唱《とな》えることができるし、人の心もわかる。悩みもわかるんです」と語った。「先生はじっと私の目を見つめ、やさしく静かな声で『人間は幸せになるために生まれてきたんですよ』と言われた。初めて会ったのに初めてと思えない、不思議な人だなと感じました」。翌日、都峯子は信心を始めた。「真っ先に両親や親戚《しんせき》を折伏しました」と振り返る。

「相模《さがみ》鉄道に婦人部数人で乗っていた時、ばったり先生とお会いしたこともありました」。池田は「御書《ごしょ》（日蓮《にちれん》の遺文集《いぶんしゅう》）、持ってる？」と尋ね、その場が即席の座談会になった。

〈叶《かな》い叶わぬは御信心により候《そうろう》べし。全く日蓮がとが《失》にあらず〉（日厳尼御前御返事《にちごんあまごぜんごへんじ》、御書一二六二㌻、新二一三五㌻）

女性門下に対して、自分の人生は自分の信心で決まる、決して人任せにするなと戒《いまし》めた一節である。日蓮の手紙は、こう続く。――水が澄《す》めば月が映る。風が吹けば樹木《じゅもく》が揺《ゆ》らぐ。皆の心は水のようなものです。弱い信心は濁《にご》った水であり、潔《いさぎよ》い信心は澄《す》んだ水のようなものです。樹木という「道理」をも揺《ゆ》るがす風のように祈るのです（趣意）――

池田は御書を片手に「純真な信心にのみ功徳が顕《あらわ》れる、という道理を説いた御書ですよ」と語り、一人一人の悩みを聞いた。

都峯子はのちに新宿支部の初代婦人部長などを歴任《れきにん》する。夫が仕事で挫折《ざせつ》した千葉の九十九里町にも赴《おもむ》き、十世帯、二十世帯と弘教を重ねた。

「夫と子どもが信心しません」

座談会では弘教をめぐっても、さまざまな質問が出る。ある婦人が池田に「夫と子どもが信心しません」と質問した。池田は「あなたは何を信じているんですか」と尋《たず》ね返した。

婦人はきょとんとして、何も言えなかった。池田はこう答えた。「自分の悩みがあるから、乗り越えたいから、信心をされているんでしょう？『私は人生に必要を感じて、この信心をやっています』、そう言うのが折伏なんです。ご主人や子どもさんに『あなたもやんなさい！』。これが余計《よけい》なんです」。その場にいた一人が「先生は、家族の折伏には、それはそれは慎重《しんちょう》に、強引にではなく、心配りをするようにおっしゃっていました」と語り残している。

また、相手に対して一方的に話し続けるくせのある人には「相手が『実《じつ》は……』と言い出したら本物です。それを言い出さないうちは、信用されていない証拠《しょうこ》です」と諭《さと》した。弘教に限らず、学会員の個人指導に向かう幹部にも池田は同じことを語っている。

保土ケ谷地区に所属していた深見宜子。「話の内容はよく覚えていないんですが、先生の迫力《はくりょく》だけは決して忘れられません」。その深見から座談会に誘われた桜井節子は二十歳だった。

◇

「『なぜわが家はこんなに不幸なんだろう』とか『宗教なんかできるか』と思っていました。嫌々《いやいや》、文京の田中支部長宅に行ったんです。八月の暑い日でした」

桜井の母が先に信心していた。「貧しさと病気の絶えない家でした。いつも誰かが入院しているような状態で。私も小学生のころからお勝手（＝台所）に立っていました」。

母が勤行するようになり、嫌で仕方なかった。「それが、文京支部の座談会で先生の堂々とした勤行を聞いて、それまでの宗教のイメージが吹き飛びました。『私もやってみよう』と思ったんです。保土ケ谷地区にもよく来てくださいました」。

数人で池田を京急線の横浜駅まで見送った時、桜井は父が信心に反対していることを相談した。池田は「娘が一人、信心を貫けば、一家は成仏できるよ」と励ました。

◇

二十六歳の池田の日記には、学会員の抱《かか》える多種多様な悩みに向き合う心境が記《しる》さ

豊島公会堂で行われた文京支部幹部会であいさつする支部長代理の池田（1957年8月）　©Seikyo Shimbun

れている。

〈先生、先輩の指導は、本当にうまい。その人の悩み、求めている要点《ようてん》を、良くつかみ、解明《かいめい》している。簡単のようで、実に大切なことだと思う。此《こ》の指導によって、その人の一生が決まってしまうのだ〉（一九五四年三月十一日）

〈午後、本部面接の担当。計三十数人の指導で終わる。自己の指導が、はたして相手を納得《なっとく》せしめえたか、否《いな》か――。未熟《みじゅく》

な自分を、早く成長、向上させねばならぬ〉（同七月九日）
〈午後、本部にて面接担当。元気で責任を果たす。一人の人の悩みを根本的に解決する。尊いことだ。偉大なことだ。実に有り難いことだ。百千万の立派な理論にも勝《まさ》る。大政治家の議会報告にも優《すぐ》れている。その名は——折伏〉（同十月十四日）
〈その人の悩みがどこにあるか。川の流れが止まるのは、どこかにゴミがつまっているからだ。その機微《きび》を知らずして、信心の指導は通じぬ〉（同十月十八日）

心を曇《くも》らせてしまう「機微」をその場で見抜き、「ゴミ」を払いのけ、心を晴らす言葉を発する。止《や》むことのない「言葉の闘い」に、池田は心労《しんろう》を尽《つ》くし続けた。

リンゴの味は食べないとわからない

田中都伎子は生前、池田の姿を文京の青年部に語り残している。

一九五四年（昭和二十九年）七月、池袋の常在寺での会合に、六十人ほどの新来者が集まった時のことである。予定していた式次第は、それほどの大人数を想定していなかった。池田は「今日はぼくが全部やるから」と支部長の田中に告《つ》げ、一時間半ほどの会合を最初から最後まで一人で担当した。

「結局そのうち四十人以上も信心を始めました。青年も、どこかのお店の女将《おかみ》さんも、女子部の世代も、いろんな人がいました。先生が話すと場内の雰囲気《ふんいき》が柔《やわ》らかくなるんです。誰よりも勉強になったのは文京支部の私たちでした」（田中都伎子）

池田は新来者たちに声をかけた。並んで座っていた壮年二人に「そこのご主人お二人、お友だちでしょうか」「お住まいはどちらですか」と尋ねた。

眉《まゆ》の太い壮年が、不自由な左足を伸ばしたまま「日本橋です」と答えた。寺島義人（第六代文京支部長）である。四十代半ばの会社経営者で、当時、胃潰瘍《いかいよう》と十二指腸潰瘍を併発《へいはつ》し、体が弱っていた。

この日の出会いについて寺島は〈細長い机を並べて、中央に若い、ハツラツとした青年が、一人一人に話された。人をひきつけるような感じに、その青年の話には耳を傾《かたむ》けた〉と書き残している。

池田にとっても印象深かった。〈真夏にもかかわらず、白い背広をキチンと着た口《くち》ヒゲの紳士が目をひいた。この人が寺島さんで、最後まで宗教の正邪《せいじゃ》、信仰と生活のことについて食い下がってきた人である〉（『忘れ得ぬ同志』）。

「先生は頑固《がんこ》な父に『この信心で必ず願いが叶《かな》いますよ』『リンゴは食べなければ、リンゴの味はわかりませんよ』と話されました。仏法用語よりも、明快なたとえ話に納得したようです」（長男の秀幸）。寺島はその日の夜、家族を集めて「あのよくできた若い人を信じて、今日から創価学会に入ることに決めた」と宣言した。

数日後、寺島は杖《つえ》をつき、池田夫妻の住む秀山荘に一人でやって来た。「父なりに喜びを表現したかったのでしょう、一升瓶《いっしょうびん》を持って先生のお宅を訪れ、『とにかくあなたが気に入りました』とだけお伝えして、帰ってきました」（次男の寺島利憲）。寺島の弘教はその月だけで十世帯を数えた。

◇

ある日の座談会。虎《とら》の入《い》れ墨《ずみ》をした若い男がひやかしに来たことがある。講道館で柔道四段だった寺島は「キサマのは虎じゃなくて猫《ねこ》だ！」と一喝《いっかつ》。肝《きも》をつぶしたその男性も、やがて信心を始めた。

二十歳年下の池田を慕《した》い、「若いが第二の父であり、師匠であると心に誓った」という寺島。日本橋地区部長として「首都圏は座敷《ざしき》のうち。福島ぐらいは庭先だ」と弘教に歩き、福島県に初の支部が誕生する先駆《さきが》けとなった。

常々、「雪のような純白な信心で生き抜きたい」と周囲に語っていた。寺島の病《やまい》が篤《あつ》くなるたびに池田は「正本堂建立《しょうほんどうこんりゅう》まで生きるんだよ」「あと二十年は絶対に生きるんだ」と励まし続けた。池田との出会いから二十三年目の冬、六十八歳の生涯を閉じた。雪の日だった。

寺島が文京支部長の時に地区部長だった鈴木卓也。「寺島さんの追善法要で池田先生が、『雪を見ると、寺島さんを思い出すなあ』と静かに言われた一言が忘れられません」。

「上に強く、下にやさしく」「庶民の声は天の声」

池田は文京の地区部長たちに「上に強く、下にやさしく信心しよう」（一九五六年九月十六日、文京支部地区部長会）と訴えた。幹部の小さな一挙手一投足《いつきよしゆいつとうそく》が、学会員に大きな影響を与える場合がある。その点を池田が厳しく戒めた証言は数知れない。
『若き日の日記』にも、この「上に強く、下にやさしく」の精神性が刻まれている。
〈六時、支部長宅、班長会議。幹部を叱《しか》る。可哀相《かわいそう》に。心で謝《あやま》る〉（一九五四年一月十二日の日記）
〈……皆、庶民の代表である。だが宰相《さいしよう》より、大学者より、賢明な話をする時がある。これ等の人々と交《まじ》わることは、天の声を聞くと思わねばなるまい。生涯、庶民の味方になることだ。生涯、大衆と共に生き抜くことだ〉（同七月二十四日）

〈いくら偉くなっても、威張るな。人生は、先輩、後輩の姿を、慈愛《じあい》と道理で築かねばならぬ。さなくんば、所詮《しょせん》、人材は出でず〉（五六年十二月十三日）

◇

ある男子部員が文京支部の打ち合わせ場所に、急ぎの資料を運《はこ》んできたことがあった。応対《おうたい》した田中都伎子は、玄関で資料を受け取り、「ご苦労さま」と言って戻ろうとした。「すると池田先生は正座して手をついて、その青年を見送られたのです。私は立ったまま応対していました」。池田はその青年に頭を下げ、「ご苦労さま、君はなんていうお名前？」「歩いて来たの？　ご苦労さま、気をつけて帰ってね」と声をかけて送り出した。都伎子は最初、「冗談だと思った」という。それほど池田の対応が丁寧《ていねい》だったのである。

その青年が帰った後、池田は「さっきの態度はなんですか」と都伎子を叱責《しっせき》した。――彼は先輩幹部に頼まれてやって来た。自分の予定があったかもしれない。やろうと思っていたことがあったかもしれない。それを、遠いところをわざわざ歩いて来てくれた。最大の礼を尽くすのが学会幹部ではないか――幹部のあり方を懇々《こんこん》と説いた。

◇

〈「福美屋」という炭屋さんがあった。それが荻野勘次さん宅である。国電「池袋駅」の近くであった〉（『忘れ得ぬ同志〈2〉』）。荻野勘次は武蔵野地区の地区部長として活躍した。「当時は料理も暖房《だんぼう》も炭《すみ》。戦後しばらくは車も木炭で走っていました。父が学会活動で忙しいと、母が真っ黒になって店を切り盛りしました」（次男の荻野文弘）。

〈田中さん（＝田中正一）のお宅が米屋さんで、荻野さんが炭屋さんであった。「スタンダールの『赤と黒』ではなく、『白と黒』の出会いだね」と笑ったことを覚えている〉（『忘れ得ぬ同志〈2〉』）。文京支部は何度か全国トップの弘教を達成するが、田中夫妻と荻野は、いわば長年の「戦友」だった。

「父が亡くなった後、田中都伎子さんが泣きながら私に打ち明けてくれたことがありました」（荻野文弘）。都伎子は文弘に「池田先生が第三代会長になるまでの七年間、ずっと訓練を受けたが、そのなかでも一番の思い出があります」と切り出した。

――勘次さんが地区部長だった時、明治生まれで職人あがりの勘次さんは、書類をまとめる雑務《ざつむ》や、数の報告が苦手で、幹部としてやるべきことを、なかなかうまくできなかった。私は一度、そんな勘次さんのことを、上から下に見るような感じで、池田先生にお話ししたことがありました――

田中は池田から「烈火《れっか》のごとく、目から火が出るほど怒られた」という。「そんな目でしか見られないのか！　真っ黒な顔をしても、仕事で会合に遅れても、彼はちゃんと来るじゃないか。あんな真面目《まじめ》な人がどこにいるのか！」と。この叱責《しっせき》が、都伎子にとって「一番の思い出」になった。

――勘次さんはいつも炭まみれになって、仕事をぎりぎりまでやって、風呂にも入らず、タオルを首に巻いて会合に駆けつける日々だった。そんな姿を池田先生はしっかり見守っておられた。この話を、いつか息子のあなたに伝えなければならないと思っていました――

池田の会長就任後、池田から荻野夫妻に届く激励には、しばしば「田中さんご夫妻二人で届けてください」と伝言が添えてあった。「先生の心遣いはいつも『ここまでされるのか』と驚くほどきめこまやかです。田中さんご夫妻にも本当にお世話になりました」と文弘は語る。

怨嫉《おんしつ》が団結を壊す

「文京支部時代、『団結』というものがいかに大切なのかを学びました」と金子都峯子は語る。それは、会合などの「見える場所」での話ばかりではなかった。「具体的には、先生から『家庭内で愚痴《ぐち》を言うのは一番よくない』と教わりました」という。「どれだけ熱心に学会活動をしても、家に帰って、あの人はどうの、この人はこういう点がよくないだの、批判がましく話してはいけないのです。子どもは親の姿をよく見ています。『人前と家庭とで、話が違う』と思い、疑問を感じてしまう――こういう話を通して、団結の重要性を指導されました」

池田は文京支部の会合で「楽しい信心をするには、第一に、怨嫉《おんしつ》をしないこと」(一九五六年十月二十五日、文京支部班長会)と戒めている。「怨嫉ほど、つまらないものはない。これは闘争の的《まと》(=目的)がなくなると出てくる。……怨嫉すると、百年の功《こう》も一言で破《やぶ》れる……そういう弱い根性が出たならば、それを乗り越えていく題目をあげることだ」。

◇

こうした池田の指導を実践した人は数多い。「両親は学会活動で家にいないことが多く、一人っ子の私が留守番役でした」と田中優子は語る。両親は文京支部の一員だった。一九五二年(昭和二十七年)、三歳だった優子の病気をきっかけに信心を始めた。母の高橋歌子は自分の性格について〈何かにつけて消極的で、先輩に引っぱっていただかなければ、一人で何も出来ない弱い私でした〉と書き残している。

懐かしき「文京家族」の輪の中に入り懇談
（1972年11月、東京・新宿区）　©Seikyo Shimbun

「でも母は、自宅で一緒に食事する時は、いつも『座談会ではこういう人がいて、こういう体験をしてね』とか、『池田先生はこういう指導をされたのよ』とか、じつに楽しそうに話してくれました。愚痴を聞いた記憶がありません」。優子はいつしか「大きくなったら私も学会活動というものをしてみたい」と思うようになった。

一九六二年（昭和三十七年）一月、父が病気で亡くなった。一人娘の優子は中学一年生だった。会長就任から二年目の池田は時間をこじあけ、母の歌子から細かく家庭の状況を聞き、「御本尊を主人と思って信心していきなさい」と励ました。「先生は、母が働いていた実家のクリーニング店に、わざわざご自分のワイシャツを出されたこともありました」（田中優子）。

母一人、娘一人になって八年が過ぎた。東京の練馬で学会活動に励んでいた。池田から『人間革命』の第四巻が届いた。表紙をめくると、池田の自筆《じひつ》で

〈本当によく頑張って
来られた。嬉しい。
優子ちゃんも 立派に育つ。
すべてに最后《さいご》の 幸福の
大勝利になることのみを祈っている〉

と書いてあった。〈何度も何度も読みかえしました。先生はこれ程《ほど》までに私達母娘を見守っていらして下さったのか……目頭が熱くなり泣いてしまいました〉（高橋歌子の手記）。

「母は七十一歳で亡くなりました。末期の大腸ガンでしたが、痛みはなく、食事も普通にしていました」（田中優子）。亡くなる前々日も、石神井《しゃくじい》会館での会合に参加している。「訃報《ふほう》を聞いた人たちは一様《いちよう》に信じられない様子でした。それくらい元気だっ

たのです。仏法者として見事な最期《さいご》だったと思います」。

歌子の訃報に接した池田は、追悼の和歌を詠《よ》んだ。

〈忘れまじ 広宣流布《こうせんるふ》の女王たる
文京家族の 母たる君をば〉

「青年を用いよ」

「夫は家で学会活動の苦労を言わない人でした」。今年（二〇一二年）八十六歳になる志水多美子が語る。「家に帰ったら部隊長でも支部長でもない、パパなんだよ、という公私《こうし》をはっきり立て分ける池田先生の指導を守ったのだと思います」。

池田の日記に〈A君等は、真に戦い抜いてきた……文京の友が、栄《さか》えることの歓《よろこ》び。――文京の友の悲しみは、身を切られる思いなり〉（一九五四年七月二日）という一文がある。この「A君」が、多美子の夫であり、文京支部で青年部の中心者として活動した志水康宏（旧姓＝安保《あんぽ》）である。

池田が派遣されるまで〈文京の青年は、出たかと思うとすぐ消える。私で七人目らしかった〉（志水康宏の手記）という。青年部の存在感も薄かった。池田は「青年を用いない地区は伸びない」「大人は青年部をわが子と思いなさい」と事あるごとに壮年部、婦人部に強調し、青年部を通して組織を変えていった。その要《かなめ》が康宏だった。

◇

秋田生まれの志水康宏は六歳で母を、七歳で父を亡くし、きょうだいが離散した。十五代にわたって地元の神主を務める母方の祖父の家に引き取られ、神官《しんかん》になるための修行もさせられた。

太平洋戦争では海軍を志願し、二等兵曹《へいそう》として、世界最大の戦艦《せんかん》といわれた「武蔵」に乗った。フィリピンのシブヤン海で沈んだ壮絶《そうぜつ》な記録が数多く残っている。猛攻《もうこう》を受けた末、総員退去の命令で康宏は海に飛び込んだ。重油《じゅうゆ》くさい塩水を何度も飲みながら波間《なみま》を漂《ただよ》い、日本の駆逐艦《くちくかん》に救助された。その後も乗っていた船を沈められたが生き延び、台湾で敗戦を迎えた。

帰国すると、秋田の屋敷《やしき》はすでに人手にわたっていた。〈身を寄せる処《ところ》のない悲しみと、いまだ病《や》める身と戦いながら親類を転々とし、一宿一飯《いっしゅくいっぱん》の辛《つら》さは今でも忘れる事ができません〉（同）。

上京して働き口を見つけ、夜は神田の電機《でんき》学校に通った。日給一二〇円の日雇《ひやと》い仕事の時もあり、学費を払うとコッペパンしか食べられないような日が続いた。

よく夢を見た。「武蔵」の横腹《よこばら》に魚雷の白い航跡《こうせき》が突き刺さる。轟音《ごうおん》が響き、戦友たちが悲鳴《ひめい》をあげて次々と倒れていく……地獄の海の光景に何度も苦しめられた。

一九五一年（昭和二十六年）の秋、康宏は谷と武部という二人の婦人部員から折伏され、信心を始めた。職場では「学会員だから」という理由でいじめにあい、自転車で二時間もかかる建設現場に行かされたこともあった。

池田とともに題目三唱を何度も繰り返した、あの田中正一宅の会合が、康宏の人生の転換点になった。同年の夏、職場で現場監督に抜擢《ばってき》され、環境も徐々に好転していった。

「池田先生は江戸っ子ですから、気も短いはずですが、それはそれは親切に、気長に、まず中心者と呼吸を合わせることから教えてくださった」「先生は常に題目と御書が根本でした。御書根本なら、どんなに厳しい指導でも皆の心に入りました」と語り残している。

千葉の片貝で、日蓮宗の僧が学会員の家々を罵倒《ばとう》して回ったことがあった。康宏は日ごろの研鑽《けんさん》を生かし、御書を引いて破折《はしゃく》して謝罪文を書かせた。

「教学はどこにいてもできる。自分を強くするための教学だよ」……池田の一言一言を青年部の仲間と共有した。
「先生が折伏される現場に何度も立ち会わせて頂いた。当時、大声を出して折伏する人が多かったが、先生は静かで常識的でした」「先生ほど行動する人はいなかった……情《なさけ》が深く、一人ひとりのことを本当によくご存じでしたし、心配された」（志水康宏の回想）
幼いころに家族と別れた康宏にとって、文京支部の同志が家族になった。「文京が家族的で、守りあうのは、池田先生がつくられた雰囲気なのです」（同）。

◇

「あれは長野まで地方折伏に行った時のことでした」。有馬富美子は文京支部の女子部員だった。列車の中で志水康宏の戦争体験を聞き、「こんな偶然もあるのか」と驚いた。
「海軍中将だった私の父は、かつて戦艦武蔵の初代艦長を務めていたのです」

「父も見ている」

富美子の父、有馬馨《かおる》は「武蔵」の竣工《しゅんこう》引き渡し式で、〈本艦は、絶対に沈むことのない不沈艦《ふちんかん》である〉(『戦艦「武蔵」』光人社)と訓示《くんじ》したという。〈温厚篤実《おんこうとくじつ》な性格の反面、しんのつよい典型的な武人《ぶじん》で、柔和《にゅうわ》な顔を太った身体に乗せて、悠揚《ゆうよう》せまらざる人格者の風貌《ふうぼう》をみなぎらせていた〉(同)と評されている。

連合艦隊司令長官の山本五十六《いそろく》が戦死した際は、艦長として遺骨を日本まで還送した。その後、江田島《えだじま》の海軍兵学校教頭に就任。同校で「敗戦後」を見据《みす》えてリベラルな教育を進めていた校長の井上成美《しげよし》を支えた。「小学生だった私と一緒に兵学校の敷《しき》地《ち》を歩くのですが、皆が敬礼するので、父はわざわざ人の通らない道を選ぶこともありました」(有馬富美子)。

かつて艦長だった「武蔵」の最期は、南西方面艦隊参謀《さんぼう》長として知った。フィリピンのバギオで行われた降伏調印式《こうふくちょういんしき》には、日本側代表の一人として出席している。

「両親が信心を始めるきっかけは私の病気でした」(有馬富美子)。結核菌《きん》が首のリンパ節で炎症《えんしょう》を起こし、ひどく膿《う》んだ。母の喜久子がまず入会した。「ある時、外出から帰ってきた父が一言、『戸田会長の話を聞いてきた』と言いました。それからひと月ほど経《た》って、父も勤行と唱題を始めたのです」。

◇

有馬は自宅を座談会の拠点にした。知人二人に弘教もしている。学会の鎌倉会館に

第三代会長就任を目前に控えた池田。東京・文京区の
田中支部長宅で（1960 年 4 月）　©Seikyo Shimbun

勤めていた林尚子《たかこ》。「父が有馬馨さんのお宅に間借りしていたことがあり、有馬さんから折伏されてわが家は信心を始めました」。

有馬が使っていた御書には、〈日蓮は日本国の諸人にしうし父母（＝主師親）なり〉〈開目抄〉、〈但《ただ》題目の五字なり〉（観心本尊抄）等、随所に赤い傍点《ぼうてん》が記されていた。

一九五六年（昭和三十一年）に馨が亡くなった後、妻の喜久子はがっくりと気を落とした。池田は「戸田先生に全部ご報告してあります。なにかあったら、いつでも本部へいらしてください」と励ました。

「会合の帰り、池田先生と同じ列車に乗り合わせたこともありました」と富美子は振り返る。「ちょうど戸田先生の『方便品寿量品精解《ほうべんぼんじゅりょうほんせいかい》』という本を買ったばかりで、『なにか一言書いてください』とお願いしました。混み合った車内で、今から思えば失礼なことでした」。

同書は戸田が亡くなる二カ月ほど前に刊行された、法華経の解説書である。池田は車内で立ったまま、〈南無《なむ》とは　敬《うやま》う心なり　随《したが》う心なりと。南無しきった人が、清く、そして幸の花を　満開する事が出来るのだ　二月二十五日〉と書いて富美子に渡した。

十年後の一九六八年（昭和四十三年）には、完成したばかりの自著に次のように揮《き》毫《ごう》して贈った。

〈元氣かね
いつも心配しています。
母娘で誰れよりも雄々しく
信心し、誰れよりも幸福に
なって戴《いただ》きたい。
父も見ている、僕も見守っている。
有馬母娘殿〉

池田から「八十まで生きてくださいよ」と励まされた喜久子は、八十三歳で生涯を終えた。人と人との縁は不思議なものである。富美子は池田の妻、香峯子と女学校時代の同級生でもあった。

「未来部」の萌芽《ほうが》

〈午前中、在宅。子供、うるさい。しかし、元気で良し。子供の成長をまざまざと見、

驚く〉(一九五四年八月二十九日の日記)

昭和二十年代の学会には、まだ現在のような未来部(小・中学、高校生のメンバー)の組織はなかった。「文京支部に池田先生が来られてから、少年部員会が日曜日に行《おこな》われるようになりました。月に一回ほどでした」。小学生だった田中芳雄は、その場で、御書の一節や学会歌が刷《す》られたわら半紙《ばんし》をもらったことをよく覚えている。「ガリ版刷りの手作りの紙でしたが、小学校で配られていた黒いインクとは違い、青いインクが入っていて珍しかった。私たちが少しでも喜ぶように、担当の方が配慮してくれたのではないかと思います」

小学生だった杉浦勝男は「見たこともないようなバラエティーに富んだ楽しい集まりだった。あんまり面白いので友だちも誘った」と語る。「大学生のお兄さんたちが、寸劇《すんげき》、模造紙《もぞうし》でつくった紙芝居、手作りの人形劇など、工夫を凝《こ》らして日蓮大聖人の御生涯や、教学、学会の歴史を教えてくれました」。

◇

文京支部で地区部長だった木下武司。支部の会合が終わった後、池田が発した大声に驚いた。ある男子部幹部が「今、歩いたところを振り返ってみなさい」と厳しく注意されていた。彼は、座布団に寝かされていた子どもを跨《また》いだところだった。

「君は大事な子どもの頭を跨いだ。もう一度、歩き直しなさい」。木下は二度驚いた。寝ていたのは自分の子どもだったのである。

大人の小さな心配りが、子どもにとって忘れられない思い出になることがある。

「先生がわが家を訪問された時、私は中学生でした」（寺島利憲）。池田は背広のポケットから名刺を取り出し、利憲に「生涯、友だちになろうな」と言って渡した。「未《み》熟児《じゅくじ》で生まれた私は、小さいころから病気がちで、母が先生にそのことを話していたのかもしれません」。

同じく中学生だった松尾延枝。「自宅で会合が行われていたのですが、私は家の外で、参加者の小さいお子さんたちの面倒を見ていました」。

車で到着した池田は、白いカーネーションを一本、松尾に差し出した。「その会合には参加していないのですが、本当にうれしくて、会合が終わった後も、先生が帰られるまでそのカーネーションを握りしめていました」。

井上光央は中学三年の時、一歳に満たない妹を抱いて、母のシマ子と一緒に田中正一宅に行った。「何か大事な打ち合わせが行われていたようです。隣の部屋で妹をあやしながら『いつ終わるかな』と待っていました」。

しばらくして、先に一人出てきた池田は、その部屋を横切りながら井上に「一度、うちに遊びにいらっしゃい」と声をかけた。

「それから九年後のことです。学会本部の職員になって、先生の御席にごあいさつにうかがった時、先生から『君には妹がいたね』と言われました」。なぜご存《ぞん》じなのか、と不思議な顔をした井上。「田中宅での出会いを思い出すのに、だいぶ時間がかかりました。先生は、あの一瞬の、しかも子どもとの出会いも忘れない人なのか、と本当に驚きました」。

「私と会ったこともない人の中に、本物の信心の人がいる」

池田が〈（文京支部の）基礎は完全に出来上がった〉と日記に書いたのは、一九五四年（昭和二十九年）の七月一日である。この日、夜空に光る火星を眺めながら〈今夜ほど、死後の生命を考え抜いたことはない、否、考え苦しんだ夜はない。（長男の）博正、妻の実家に泊まりに行く。妻と遅くまで静かに語る〉とも記している。

その前月、池田の体調はこれまでになくひどかった。

〈病、弥々《いよいよ》ひどくなる様子〉（六月三日）

〈身体の具合、全く悪し。死を感じてくる。悲観――苦悩――呼吸するのさえ苦しい。

……疲れてならぬ。早目に就寝《しゅうしん》〉（六月六日）
〈膚《はだ》寒き一日であった。生活費逼迫《ひっぱく》する……滝を昇《のぼ》らんとする鯉《こい》。踏まれて、なお咲く草花。逆境に勝ち、大成した人々。青年期には、こんなにも心の葛藤《かっとう》があるものか。……不思議に、死を予感してならぬ。これ死魔《しま》というべきか。信心茲《ここ》に七年。最大、最高の試練に向かう。今夜は、とくに苦しく、淋《さび》しい。今、一人の友もなく応援なく、力《ちから》は刻々《こっこく》と衰《おとろ》えていくようだ。涙が、るいるいと流れる。ここで死ぬのはいやだ。弱冠《じゃっかん》、二十六

鹿児島の霧島で、激務を縫って、子どもたちと交流するひと時。「未来部」の淵源の一つは文京支部長代理の時代にある（1976年8月）　©Seikyo Shimbun

星霜《せいそう》。生命の奥底《おうてい》も極めず、人類社会に大利益も与えず、師の恩も返さず、これで死んでいくのは、あまりにも残念だ〉（六月八日）

小学生だった荻野文弘。「わが家は武蔵野地区の拠点だったのですが、早めに到着された先生が一階で少し横になり、時間になるとパッと起き上がって勢いよく二階の拠点に上がられる姿を、何度か見ました。肺病や熱があったなんて知らなかった。会合の参加者も、誰も想像していなかったと思います」。

縦横無尽《じゅうおうむじん》ともいえる活躍の陰で、自分との闘いが続いていた。

〈身体の具合悪し。宿業《しゅくごう》の深きを悩む。恐ろしいことだ、宿命とは——。肉体年齢は五十代を過ぎている感じ。あと幾歳《いくとせ》生きることか。感傷的になる日がある〉（同十二月二十日）

〈（戸田）先生より、泰山《たいざん》も裂《さ》けんが如《ごと》く、叱咤《しった》さる。厳父の怒り、先生の激烈なる大音声《だいおんじょう》に、身のすくむ思いなり。嗚呼《ああ》、われ過《あやま》てり。先生の仰せどおりなり。人生の落伍者《らくごしゃ》にならぬための厳愛。敗戦の将軍とならざるための訓戒《くんかい》。ここ数日、自己の罪業、宿命を見つめ、泣き、憤《いきどお》り、思索して、先生のご期待に応えんと決意する〉（同二十七日）

〈権力なく、財力なし。背景なく、地位もない。所詮《しょせん》は人間の裸になった力。全生命

よりほとばしる信心の力。十年後、否、二百年後をめざしての英知。われ、無量の思いあり〉(同三十一日)

〈人生の青春。人生の桜花。今、散りゆくは、いと淋《さび》し。題目をあげきることに尽きる。仏法の厳しさ、自己の一念の厳しさ、実証のため、自ら奮起《ふんき》あるのみ〉(一九五五年三月十六日)

〈身体の具合悪し。顔色、悪しと、妻よりいわれる〉(同十七日)

〈身体の具合悪し。今生で一番苦しい一日であった。十二時、死ぬが如く、床に入る〉(同五月三日)

〈身体の具合、少々取り戻す。皆の、逞《たくま》しき、元気な姿が、うらやましい。妻も、無理を通し、疲れているらしい〉〈一、唱題。二、睡眠。三、養生《ようじょう》。重々、注意。実行。忍耐。〝仏法ハ道理ナリ〟〉(同六日)

◇

〈(池田先生は)常に戸田先生のご一身を心配されながら、相模原、横須賀方面、更には散在する地方拠点へおもむき、座談会に、講義にと奔走《ほんそう》されたのであった。当時、うかつにも私は、先生が病魔と戦いながら指揮をとられていたことにはまったく気づかなかった。後に『若き日の日記』を読んで、そのことを知ったのである〉(田中都

伎子の手記〉

その『若き日の日記』には、さまざまな会合の前後で、次のような言葉も記されている。

〈第十回 創価学会定期総会（日大講堂）……午後八時、全部清掃を終える。黙々と掃除に励む、名もなき男女青年の姿に、頭が下がる。それにひきかえ、指揮をとる立場の自分が、申しわけないように感ずる。生涯、陰で苦労せる人々の心情を、絶対忘れぬことを心に誓う〉〈自分には、滝の如き激しい気性がある。これが、善にゆくか、悪となるかが信心である。心して、次の前進をしてゆこう。十二時近く帰宅〉（一九五四年五月三日）

〈京王地区の総合座談会に、出席。力の限り、指導し、激励して帰る。指導して、意《い》気揚々《きようよう》と帰る自分より、これ程《ほど》まで結集させた、中堅幹部《ちゆうけん》の人々に深く思いを致すべきである〉（一九五五年十月二日）

〈夜、東横地区の指導。尊き、庶民の集い。信心の世界が、最高に愉《たの》しく、美しい。指導に行くことは、結局、自身が指導を受けに行くようなものだ〉（一九五七年六月一日）

田中都伎子は亡くなる数年前、文京の青年部に、「陰で苦労せる人々」を尊ぶ池田の象徴的な言葉を伝えている。それは文京支部長代理を終え、第三代会長になった池田が、田中をはじめ最高幹部たちに語った内容だった。

「君たちの何倍も真剣に戦ってくれている人がいるんだからね」

「私と口《くち》をきいたこともないし、会ったこともない、そういう人の中に、本当に学会を守って、がんばってくれている人がいるんだ。そういう人の信心が、私は本物だと思っている」

◇

金子都峯子は後年、学会の月刊誌「大白蓮華」を手に「なぜこんな文章を書かれるのだろうか」と首をひねったことがある。「あの時、まるで池田先生は、会長を辞められるみたいだ、と思ったんです」。

一九七九年（昭和五十四年）四月。同誌の五月号に、池田大作は「生老病死と仏法」と題する巻頭言《かんとうげん》を寄せた。仏法で説かれる生老病死の「四苦《しく》」に一つずつ触れながら、学会員が四苦をどう受け止め、乗り越えてきたかを論じている。

〈……我が創価学会も、この生老病死の根本的解決の法理を通して世界の国々まで広宣流布の駒を進め、ここに四十九年。牧口初代会長以来七年ごとのリズムを経ながら、ついに七つの鐘の総仕上げの金字塔《きんじとう》の年を迎えることができた。万感の思いを込め、

会員諸氏に衷心《ちゅうしん》より感謝したい……〉

金子は、三十年以上前に切り抜いたその巻頭言を、自宅のテーブルに広げた。「不思議だなと感じたのは、この次のところです」。

〈……私は未来を展望しながら、後輩に大いなる道を開く決心である。共々に苦楽を分かち合い折伏行に励んだその歴史は、大御本尊様がお見通しであり、かつまた、私は、生涯にわたってその尊き信心の姿を断じて忘れない……〉

「このとき池田先生は五十一歳です。『七つの鐘』が鳴り終わり、先生の指揮も、学会全体も、さあいよいよこれから、という時でしたから、『断じて忘れない』という一言に違和感を覚えたのです」と金子は語る。

不安は的中した。ほどなくして、池田は第三代会長を辞任する（潮ワイド文庫『「民衆こそ王者」に学ぶ 迫害と人生』などに詳述）。「『共々に苦楽を分かち合い折伏行に励んだその歴史』という一言に、人生を重ね合わせる人は多かったのではないでしょうか。そして『断じて忘れない』という言葉は、ともに戦った同志への最大の激励だったんだと感じました」。

◇

若き日の池田から薫陶《くんとう》を受けた文京支部の人々は、東京や神奈川にとどまらず、各地に弘教の輪を広げていく。その舞台の一つ――一九五六年(昭和三十一年)十月から翌年一月にかけて、当時の全国三十二支部の大半から派遣メンバーが集った場所がある。そこで初めて池田に出会った人も多かった。

本州の西端《せいたん》、山口県である。

第四章

「山口闘争」の二十二日

「携帯《けいたい》電話が鳴ったのは、東京から広島に帰る車中でした」。児玉秀幸は母の啓子と新幹線に乗っていた。急いで座席からデッキに行き、電話に出た。それは池田大作からの伝言だった。「数時間前に、母と東京の学会本部を訪《おとず》れたところでした」（児玉秀幸）。

きっかけは、発刊されたばかりの創価学会の月刊誌「大白蓮華」（二〇一〇年二月号）だった。同号の巻頭言《かんとうげん》で池田は、今も「山口闘争」「山口開拓指導」として語り継がれている歴史に触《ふ》れ、次のように記している。

〈まだ会館がない時代である。宿泊の旅館を拠点《きよてん》とさせていただいた。お世話になる主人や従業員の方々に、私は礼《れい》を尽《つ》くして接《せつ》した。その中から入会した人も少なくない。

この時、私が折伏《しやくぶく》した一人の婦人は、生涯で百世帯を超える弘教《ぐきよう》をされ……お孫さんが創価大学に学ばれ、立派なリーダーとして活躍《かつやく》する近況《きんきよう》も、嬉《うれ》しく伺《うかが》っている〉

――この「一人の婦人」が秀幸の祖母、児玉シヅである。一読《いちどく》して驚いた秀幸は、母とともに感謝の手紙を書き、上京して池田のもとに届けた。新幹線で聞いた池田からの伝言は、その手紙に対する返礼《へんれい》だった。「君の活躍がうれしい、という趣旨《しゅし》でした。その日のうちに、しかも広島に戻る前に伝言を頂くなんて想像もしていませんでした」。

「何があっても二十年、地道に」

児玉シヅが残した幾《いく》つかの手記《しゅき》を見せていただいた。手記は〈私の結婚生活は本当にみじめなものでした〉という一文から始まっていた。一九一七年（大正六年）、鹿児島に生まれた。村から一人だけ女学校にも行き、何不自由ない青春だったが、嫁《とつ》ぎ先で暗転《あんてん》した。「飲む、打つ、買うの三拍子」がそろった夫だった。月給は酒代に費《つい》やし、芸者遊びに狂《くる》い、見知らぬ女性を自宅に連れ込んだ。

〈地獄《じごく》のような毎日〉だった、とシヅの手記は続く。〈次男（＝鐵兵）を連れて家を出るはめになりました。子ども連れの私に、働く場所があるはずがありません。結局、遠縁《とおえん》にあたる親類の旅館に住み込み、女中《じょちゅう》（仲居《なかい》）として朝早くから夜遅くまで、台所に這《は》いつくばって、働き続ける毎日でした〉。

苦労は重《かさ》なる。三歳の鐵兵が四十度超の高熱に襲《おそ》われ、医師から小児麻痺《しようにまひ》と告げられた。〈お先、真っ暗です。生きて何の幸せがあろう。いっそのこと、子どもを道連れに死んでしまおうと何度思ったかわかりません〉。そのたびにシヅは、子どもの可愛い寝顔《ねがお》を見た。死ねなかった。仲居として仕事に精《せい》を出した。

鐵兵が十二歳の秋、十一月——シヅが働いていた「ちとせ旅館」（山口県徳山市＝現・周南《しゆうなん》市）に、若い人たちが連泊《れんぱく》した。「創価学会」という、一度も聞いたことのない団体だった。シヅは女将《おかみ》の大川ツネ子らと台所で夕食の鰻《うなぎ》を焼いていた。夕方、一人の青年があいさつに来た。

〈おかみさん、良いにおいがしますね、大勢来て、大変御迷惑をおかけして、すみませんね。よろしくお願いいたしますと、深々と頭を下げてあいさつをされました〉〈驚いたのは私たちの方です。一般のお客さんは、自分の部屋に女将を呼ぶのが通例《つうれい》です〉〈「普通の人とは違うね」とみんなで囁《ささや》きあったものです〉（児玉シヅの手記）

——その青年は前々日に岩国、前日に柳井《やない》を訪れ、徳山に着いたばかりの池田大作だった。仕事が一段落したツネ子とシヅは、誘われていた座談会に参加した。二人は池田との対話を経《へ》て、その日から信心を始めた。

この座談会をきっかけに信心を始めたのはツネ子とシヅだけではない。その場に居合わせた森下日出子は中学生だった。「私が三歳の時、海軍だった父が戦病死《せんびょうし》し、母は淡路島から徳山に後妻《ごさい》として嫁《とつ》ぎました。連れ子の私は義父と折り合いが悪く、心の底から悩んでいました」。「ちとせ旅館」で、目の見えない娘を連れた女性を励ます池田の声が「心に突き刺さった」と語る。「私も幸せになりたい」——翌年、母の奈津子と一緒に信心を始めた。後年、義父も入会している。

◇

児玉シヅは旅館の休憩《きゅうけい》時間に唱題を重ねた。「眠たい目をこすりこすり、御本尊様

28歳の池田。山口県柳井市の開作屋旅館で
（1956年11月）　©Seikyo Shimbun

にどうか、子どもを治してください、私も人並みに幸せにしてくださいと真剣に祈ったものです」。「青年部のボロバイク」の後ろに乗せてもらい、折伏に走った。霜《しも》が降りてバイクが動かなくなり、歩いて帰ったこともあった。〈法華経を信ずる人は冬のごとし。冬は必ず春となる〉（妙一尼《みょういちあま》御前《ごぜん》御消息《ごしょうそく》、御書一二五三ページ、新一六九六ページ）。日蓮のこの一節を心の拠《よ》り所にした。

成人した息子の鐵兵は、やがて啓子と結婚。紳士服仕立て店を開業した。池田との出会いから二十三年後の秋――孫の秀幸が生まれた。シヅは池田に名付《なづ》け親を頼んだ。ここで紹介してきた手記の多くは、その年に書かれたものである。手記の末尾には力強い筆致《ひっち》で〈今は何の心配事もなく、毎日が楽しく……池田先生は「何があっても二〇年、地道に頑張っていきなさい。必ず幸せになりますよ」と言われていますが、まったく其《そ》の通りだと思います〉と記《しる》されていた。

一九九二年（平成四年）、児玉シヅは七十四年の生涯を終えた。

母一人、息子一人

「ちとせ旅館」の女将、大川ツネ子にとって、この旅館は人生を賭《か》けた城だった。夫の内田豊は建築技師《ぎし》として、満州国（現在の中国東北部）の国務院営繕処《えいぜんしょ》に配属された。一九三五年（昭和十年）、地方出張を終えて新京（現在の長春）に戻る途中、密告《みっこく》により「匪賊《ひぞく》」に拘束《こうそく》され、身代金《みのしろきん》を要求された。

「父は『二歳になる幼い一人息子のために、支払いに応じてほしい』と満州国へ手紙を出したのですが、聞き入れられなかったようです。一年半後、父のものと思われる遺体《いたい》が見つかりました」（長男の壽太郎）

夫を失ったツネ子は、幼い壽太郎を抱えて実家のある山口県に引《ひ》き揚《あ》げた。「息子が大学を卒業するまで支給する」と満州国が約束した援助金も、壽太郎が小学五年生の時に途絶《とだ》えた。「息子を無事に育てあげる」。それがツネ子の人生のすべてになった。

軍港《ぐんこう》があって人が集まる徳山に居《きょ》を構え、小料理屋を始めた。酒の統制《とうせい》が厳しくなり、四四年（同十九年）に旅館業に切り替えた。その直後、空襲でその旅館が全焼した。敗戦を前後して二度の移転を経て、やっと再建したのが「ちとせ旅館」だった。

◇

じつは大川ツネ子は、池田と出会う前、児玉シヅら仲居たちと打ち合わせていた。「お客さんが信仰の話をしてきたら『よく考えてご返事します』と答えて、その場を去ろう」。

「義母の男勝《おとこまさ》りの性格は地元でも有名で、滅多《めった》なことでは左右されない人でした」（義娘の典子）。しかし、台所で池田から声をかけられ、「あんな奇特《きとく》な人は見たことがない。あの信心には何かある」と感心した。おそるおそる行った座談会。その池田が中心者だった。

「女将さんも、何か悩みがおありなのではありませんか」と池田に尋《たず》ねられ、ツネ子は「息子が来春、山口大学を卒業するのですが、まだ就職が決まってないんです」と自然に悩みを口にしていた。

「母は絶対に悩みを言うまいと決めていたのですが、先生から『子どもさんはお一人ですか』と尋ねられ、『一人息子です。夫がおりませんもので、私が一人で育ててきました』と、半生《はんせい》の苦労を語ったようです」（大川壽太郎）。池田は、その苦労が報《むく》われ、必ず幸せになれる道がこの仏法である、と語った。「『幸せになりませんか。私と一緒に信心をしましょう』という先生の一言に、母はその場で『やります』と言いました」。

驚いたのは、事前にツネ子と打ち合わせをして、何を言われても断るつもりでいた児玉シヅである。〈あっという間の出来事でした〉〈二人とも先生の魅力《みりょく》に惹《ひ》かれて決意しました〉と手記に書き残している。

それから一週間ほど経ち、壽太郎宛《あて》の電報が届いた。鉄鋼会社からの採用通知だった。理不尽《りふじん》に夫を奪《うば》われ、満州から引き揚げて、ちょうど二十年が経っていた。「一度も泣いたことのない母が、電報を手に涙をこぼしました。母の戦争は、先生と出会った一週間後の、あの日に終わったのだと思います」（大川壽太郎）。

◇

一九五六年（昭和三十一年）から翌年にかけて行われた「山口開拓指導」。絶望の淵《ふち》に立たされていた人々が再生の一歩を踏み出す、無数のドラマが生まれた。

それは長編詩「青年の譜《ふ》」（一九七〇年発表）に綴《つづ》られた、

〈あの地にも この地にも
あの職場にも この家庭にも
友は戦い 友は勝った
この素顔の歓喜《かんき》は 万波《ばんぱ》とうねり
はや 第三の勢力となる〉

という一節のとおりの数カ月だった。

山口創価学会の婦人部（当時）が足かけ四年をかけて、一〇〇〇人以上に取材した証言集がある。それらを手がかりに、あらためて当時の群像《ぐんぞう》を追った。

「最も愛する季節よ」

「昭和三十一年、学会は年末までに五十万世帯の達成を目指していました。大学四年だった私も『山口開拓指導』に参加しました。岩国駅で仙台支部の知人を見かけ、本当に全国から来ているんだなあと驚きました」（小林宏）

池田の師・戸田城聖《じょうせい》が「七十五万世帯の弘教」という大目標を掲《かか》げて五年半。誰の目にも不可能と思えた「山の頂《いただき》」が、ついに視界に入り始めていた。

全国を見渡した時、特に学会員の少ない地域の一つが山口県だった。池田の日記。

〈気温三十二度に昇《のぼ》る。残暑《ざんしょ》、厳し。先生（＝戸田城聖）と種々懇談……来月より、山口県、全面折伏の指示あり。小生、総司令……。義経《よしつね》の如《ごと》く、晋作《しんさく》の如く戦うか〉（一九五六年九月五日）。

二十八歳。相変わらず体調は優《すぐ》れない。

〈いつも疲れる。疲れが出るのか、疲れていくのか、自分ではわからぬ〉（同七月二

十二日）
〈身体だるし〉（同九月七日）
〈朝疲れて起きることできず。怠慢《たいまん》か。自分自身との戦闘――自分自身の弁解……秋晴れの、爽快《そうかい》な季節が待ち遠しい。最も愛する季節よ〉（同十日）
文京支部の一員だった樋田敏子。〈（戸田先生が）実に簡潔明瞭《めいりょう》に、山口指導の意義を教えてくださった〉と記している。〈山口は預貯金高《よちょきんだか》は低い。逆に薬の売上高は高い。しかも学会員は最少である。だから幸せの種《たね》をまくのだ〉――派遣メンバーも似たような境遇《きょうぐう》だった。
総責任者の池田自身、旅費の捻出《ねんしゅつ》に苦しんだ。〈私は、皆が借金をしたり、質屋に行き、旅費や滞在費《たいざいひ》を工面《くめん》してきていただけに心配であった。私自身も、最後の旅費として家の電話債券《さいけん》を売って活動費にあてた。だれもかれも経済的な余裕《よゆう》もなく折伏戦に突入したのである〉（『忘れ得ぬ同志』）。
池田の日程は十月、十一月、翌年一月の計三回、二十二日間に及んだ。行き先は下関、防府《ほうふ》、山口、岩国、柳井、徳山、宇部、萩（訪問順）の八都市で、ほとんどの都市に二度、三度とくり返し訪れた。県内の人々はもちろん、現地で行動をともにする派遣メンバーも、そのほとんどが信心を始めて三年も経たない人たちだった。

憂《うれ》いを消す絵はがき

〈初秋の日差《ひざ》しが強烈で、汗ばむような暑さのなか……宇部駅に着きました。出迎える人とてない未知《みち》の町でした〉（冨岡と志の手記。大阪・船場支部）

船場支部の斎藤きみ子は、鈍行《どんこう》列車で小郡《おごおり》駅（現・新山口駅）から宇部行きに乗り継《つ》いだ。赤ん坊を背負い、右手に御書《ごしょ》（日蓮《にちれん》の遺文集《いぶんしゅう》）の入った袋、左手におむつの入った袋を持っていた。「一生の原点になりました」と語る岩下登志子。〈ハガキ20枚、1000円〉〈中央旅館、1000円〉等、丹念なメモを残している。

原猛は福岡県・柳川の地区部長だった。一九〇二年（明治三十五年）生まれで当時五十四歳。張りきって防府や徳山を担当した。三田尻駅（現・防府駅）で〈二十歳を少し過ぎたと思はれる（学会の）女子部の人と判《わか》る二人〉（原猛の手記）から声をかけられた。

「おじさん、どこから来られたのですか、私たちは北海道から来ました」。原は「九州からです」と答え、「お互いがんばりましょう」と声をかけ合った。別れ際、原は「これ、北海道名物です。めしあがってください」と小さな紙袋を手渡された。汽車に乗ってからその袋を開くと、甘納豆《あまなっとう》が入っていた。弘教の相手や、日本の各地から集まる学会員と出会った時のために、ちょっとした心遣《づか》いとして、あらかじめ用意していたのだ。

はるばる北海道から山口まで赴《おもむ》いた、自分よりはるかに若い彼女たちの健気《けなげ》さに、そして細かい心配《こころくば》りに原は感動した。のちに〈(彼女たちの)長途多々《ちょうとたた》の日数と多額の費用を使い、未知の地で喜々として戦っておられる純粋《じゅんすい》で強盛な信心〉を、自らの〈信心の反省の亀鑑《きかん》(=手本)〉にしたと綴っている。

◇

鶴見支部の責任者だった松尾正吉。岩国、徳山、宇部の三都市に絞《しぼ》り、緻密《ちみつ》に予定を立てて臨《のぞ》んだ。彼の残した当時のメモを見ると、起床六時半、朝食七時半、勤行八時、講義九時、十時から各地に出発、という日課になっている。

松尾たちは岩国駅で池田を出迎え、「小池旅館」に到着した。まず池田からしっかりした指導があるものと思っていた。ところが〈先生はお座りになるとすぐ「留守宅に手紙を書いてあげよう」と、駅で準備したと思われる山陽《さんよう》の地の絵はがきを出された〉(松尾正吉の手記)。瀬戸内海国立公園、後楽園の二色《にしき》が岡《おか》……松尾たちの目の前に、何枚もの鮮やかな絵《え》はがきが並んだ。

「いいのを一枚ずつとりなさい」。池田は「しっかり戦うには憂《うれ》いがあってはならない」と言い、住所、家族の名前を聞いて次々に便りを書き、すぐに投函《とうかん》した。思いも寄らない心配りだった。松尾の妻には〈ご主人は山陽の地で白馬に乗って指揮をとっております。安心して留守をお守りください。岩国にて池田大作〉と書いて送った。

〈事にあたると、その場だけしか考えなかった〉という松尾。〈本当に申しわけない気持ちでいっぱいでした……わずかの時間だったかもしれませんが、その光景はスロービデオのようにゆっくりと動き、胸に焼き付いて離れません。私はこのときに思いました……掛《か》け声《ごえ》や号令《ごうれい》なんかじゃない。どこまでも御本尊への祈りを根本として、一人の友を思いやる誠実こそが最大事だ、と〉（松尾正吉の手記）。

後年、松尾は支部長、副理事長、方面参与などを歴任《れきにん》する。「山口は第二のふるさと」と語り、生涯、友人や同志との「はがき交流」を欠《か》かさなかった。

各地に残るこうしたはがきや手紙は、池田の動きがどれほど激しかったかを物語る。

仙台支部長だった鎌田忠吉。留守役を引き受けた。派遣隊からの便りが自宅に何通も届いた。〈今日午後三時　池田室長来岩。激励を受け、闘志《とうし》を燃やしております〉という文言も見える。〈地元の私達も戦おうと奮い立ったものです〉（鎌田忠吉の手記）。

文京支部の荻野勘次。前章で紹介した名物地区部長である。炭屋《すみや》の仕事を妻に任せ、岩国に駆けつけた。池田が声をかけた。〈「荻野さん、仕事は大丈夫かな」というと「なーに、女房がいますから」と、屈託《くったく》がない。私（＝池田）のほうが心配になってきて、アキノさん（＝荻野の妻）に岩国からはがきを出した〉（『忘れ得ぬ同志〈2〉』）という微笑《ほほえ》ましい一コマもあった。

「家庭持ちの婦人が十日も留守にしたら家族が不自由だ。早く帰ってあげなさい」と池田に諭《さと》されたのは、徳山に来た角屋《かくや》マサノたち五人である。角屋は原爆症《げんばくしょう》と闘いながら広島の草創期《そうそうき》を築いた一人だ。家族の了解を得て来ました、目標を達成するまでは、と頑張った。「そこまで肚《はら》を決めているならやりなさいといわれ、じゃ、私からご主人に手紙を書いてあげようと、その場ではがきを書いてくださった」と語り残している。

〈……留守、何かと不自由と存じますが、よろしく頼みます。使命を果《はた》し早急に帰宅する様《よう》申し居きました〉（角屋丈夫宛）。同じ場で書かれた一枚。〈お葉書で失礼致します。奥様元気で徳山にて頑張って居られます……山口の廣布《こうふ》の夜明《よあけ》です〉（中村二三枝の夫、勉宛）。

下関市。〈小生十九日に当旅館に参ります……飛込折伏は絶対にせぬ様に……御健《ごけん》斗《とう》皆様によろしく。では又〉（柳井市に滞在中の奥谷巌宛。東陽館から）。

萩《はぎ》市。〈奥様 萩市にて、山陽広布の戦を立派にやって居られます。お留守 不便の事と存じます……大いなる名誉と功徳を受けられる様 祈って居ります〉（竹内薫也宛）。

柳井市。〈井上さん、今日は。奥様元気で頑張って居られます……広布は着々と夜

松下村塾を訪問。幕末の志士たちに思いを馳せる
（1964年8月、萩市）　©Seikyo Shimbun

明の如く進んで居ります〉（井上徳一宛）。〈上野さん、今日は。奥様、元気一杯で如来の使《つかい》といそしんで居ります……何卒《なにとぞ》留守の大役頼みます。ではお元気で〉（上野進太郎宛）。

「凡夫《ぼんぷ》即仏《そくほとけ》なり・仏即凡夫なり」

池田の訪れる地は、弘教の現場になると同時に、全国から集まったリーダーを育成する現場にもなった。指導は常に「御書」から始まった。

岡山支部幹事として参加した則武敬一。戦前は同盟通信社の記者だった。軍に召集《しょうしゅう》され、南方で肺結核《はいけっかく》になり、病院で敗戦を迎えた。健康になりたい一心で一九五五年（昭和三十年）に入会。一年後、宇部の「松屋旅館」で池田の御書講義（生死《しょうじ》一大事血脈抄《いちだいじけつみゃくしょう》）を聞き、それまでの宗教観がひっくり返された。

池田は「我々もまた法華経に説かれる『地涌《じゆ》の菩薩《ぼさつ》』の一人です」と強調した。地涌の菩薩――仏との約束を実現する、最も重要な菩薩である。〈信心とは自分が幸福で、功徳があればよいと思っていた私の考えは、どこかへ吹き飛んでしまった〉（則武敬一の手記）。「父は生前、初めて先生と出会った山口の地で『足が棒《ぼう》になるまで歩いた』と語っていました」（長男の隆）。

岡山地区の地区部長だった原渕祥光。「毎朝の講義が楽しみで仕方なかった。最初は地涌の菩薩と言われても、まさか自分が、と思いました」と笑って語る。「具体的には『組織の長をやって、一番大変な組織で苦労するのです。その一念が功徳になる』と教わりました」。

◇

小岩支部から参加した臼井登志恵《うすい》。宇部市内で弘教が進まず、肩を落としていた。「下関に戻って池田先生に報告する時に、悔し涙がポロポロこぼれちゃいまして……」。池田は「折伏は難事中《なんじちゆう》の難事だ。だから功徳もある。そう簡単にできるものじゃないよ」と励ました。そして「窓を開けてごらん」と言った。

「満天の星空でした」（臼井登志恵）。池田は空を指さして語った。「頭《こうべ》の円《まど》かなるは天に象《かたど》り、と言うんだ」。「人間の体は一個の小宇宙である」と説《と》いた仏典《ぶってん》である。頭の丸さは「天」になぞらえる。両目は「太陽と月」。髪《かみ》は「星」。眉《まゆ》は「北斗七星」。息は「風」。お腹は温かいので春と夏、背中は冷たく硬いので秋と冬……。池田は「大自然の生命と私たちの生命は一体だよ。宇宙即我《うちゆうそくわれ》、我即宇宙だ。結論は妙法にある」「宇宙を語る時代がすぐ来るよ」と語った。

「貧乏だった私は、宇宙について考えることなんてなかった。御書を読んでいてこの御文を見つけた時は本当にうれしかったです。壮大な生命論を聞いた感動は、八十一歳の今も消えません。翌日、宇部で初めての折伏が決まって先生に報告でき、今度はうれし涙がこぼれました」

下関までやって来た京都支部の派遣隊の中には、夫を亡くし、三人の子どもを抱えた婦人部員がいた。池田は〈相手がどんなに身分が低くても、仏法について少しでも自分より優《すぐ》れ、智慧のある人ならば、法華経について学んでいきなさい〉（松野殿御返事、趣意、御書一三八二ページ、新一九八八ページ）という御書の一節《いっせつ》を引き、「信心に真面目なお母さんが大切なんです。その人が誰よりも求道心のある勝利者なんですよ」と励ました。

◇

橋本政信（京都支部）は自分の御書に「諸法実相《しょほうじっそう》抄」（十月十日）、「妙一尼御前御返事」（同十一日）、「転重軽受《てんじゅうきょうじゅ》法門」（同十二日）、「経王殿御返事」（同十三日）、「日厳《にちごん》尼御前《あまごぜん》御返事」（同）など、池田が講義した日付を記していた。

また、ある派遣幹部の御書。〈苦をば苦とさとり《覚》、楽をば楽とひらき《開》、苦楽ともに思い合せて南無妙法蓮華経とうち《打》とな《唱》えい《居》させ給え〉（四条金吾殿御返事、御書一一四三ジペー、新一五五四ジペー）という有名な一節が載っているページの端に、〈31・11・20 山口にて 池田先生〉と書き込みがある（山口市、齊藤旅館での講義）。余白に池田の言々《げんげん》句々《くく》をメモした。「幸福とは他人よりもらうのでなく自分の生命しかない」「信力に正比例して生命力と智慧が湧《わ》く」「難から逃げようとしてはいけない 難を乗りこえる」。日記に残した人もいた。〈十月十四日 日曜日 晴／東陽館（下関）にて御書講義をきく。船守弥三郎許御書《ふなもりやさぶろうもと》〉〈早速、折伏出来る……いつもの倍の成果を挙《あ》ぐ〉（中村勝）。

中村は講義のなかで特に印象に残った日蓮の〈凡夫即仏《ぼんぷそくほとけ》なり、仏即凡夫なり〉（御書一四四六ジペー、新一七二四ジペー）という一言を写し、〈有難《ありがた》き一節〉と記している。

何の変哲《へんてつ》もない「凡夫」が、つまり他でもない私自身が「仏」である。これこそが本来の仏法なのだ──創価学会に入ったばかりの人も、まだ日の浅い派遣メンバーも、池田の講義を通し、それまで漠然《ばくぜん》と持っていた「仏」や「宗教」のイメージが音を立てて変わっていった。

「生きた宗教がある」

下関では、半世紀以上経《た》った今も、何人もの人が異口同音《いくどうおん》に「池田先生から教わった〝天子の襁褓《むつき》〟の一節が忘れられない」と語る。五十六歳の日蓮が、富木常忍《ときじょうにん》という門下に送った「四信五品抄《ししんごほんしょう》」の一節である。

同抄には「法華経を少しも理解せずに題目を唱える弟子は、どのような位《くらい》にあるのか」が説かれている。日蓮はこう断言した。

〈国中の人々よ、私の弟子を軽《かろ》んじてはならない。過去は無量《むりょう》の仏に仕《つか》えた大菩薩である。未来は必ず莫大《ばくだい》な功徳を備《そな》える。たとえば皇帝が幼くて、おむつ（＝天子の襁褓）に包まれ、大竜が生まれたばかりのようなものである。決して蔑《さげす》んではならない〉（趣意、御書三四二ページ、新二七〇ページ）。池田はこの一節を通して「あなたがどれほど尊《とうと》い存在なのか」を訴えたのだ。

この講義が行われた「東陽館」の目と鼻の先に、幕末《ばくまつ》が生んだ風雲児《ふううんじ》の一人、高杉晋作が「奇兵隊《きへいたい》」を結成した地がある（白石正一郎宅跡）。池田が「晋作の如く」と決意して臨《のぞ》んだ第一歩は、なんの地位も肩書《かたがき》もなく、ただ幸せを欲《ほっ》して集まった人々に、生きる希望を送る御書講義から始まった。その挑戦は、身分を一切差別せず、集まった全員を同志として遇《ぐう》した、晋作の奇兵隊にも似ていた。

◇

「あの日、夫は『すごい青年が来てくれた。すごい話をしてくれた』と興奮《こうふん》して、東陽館から帰ってきましたよ」。百四歳になる内山照代。今も眼鏡《めがね》なしで毎日、「聖教新聞」を読む。「下関中を歩いて、下駄《げた》がペチャンコになりました。学会活動なら、どんなところでも歩きました」。満面の笑みで語った。

一九〇八年（明治四十一年）に生まれた照代は、二十歳まで東京の大森に住んでいた。関東大震災にも遭遇《そうぐう》した。結婚後、下関へ。心臓と胃が悪く、寝込《ねこ》む日が多かった。「お手伝いに行っていた染物屋《そめものや》さんで『生きた宗教がある』と聞きました。四十八歳の春です。唐戸《からと》から船に乗って、門司《もじ》の寺で御本尊をいただきました」。

長女の奈々子。「両親が信心を始めたのは昭和三十一年の三月です。当時、父の光《みつ》麿《まろ》は郵便局に勤《つと》め、労働運動に熱中し、全逓労組《ぜんていろうそ》の下関の書記長をしていました」と振り返る。光麿は妻の照代から話を聞き、信心を始めたが熱心ではなかった。池田と出会ったのは入会の七カ月後だった。翌年、光麿は下関地区の初代地区部長に就任した。

内山照代を折伏したのは今年（二〇一二年）八十六歳になる藤田藤枝である。藤田は夫の和男、小学二年の長男、五歳の長女の家族四人で東陽館に行き、池田の講義を聞いた。「そのころ住んでいた家を、夫は『ニワトリ小屋を改造した家だ』と言っていました」と笑う。「履《は》きものもぼろく着るものも粗末《そまつ》な私たちに先生は、今はどん

創価学会の山口文化会館を訪れ、功労の老婦人に
語りかける池田（1977年5月） ©Seikyo Shimbun

底におるけれども十年、二十年と信心を貫《つらぬ》けば、必ず見違えるようになる、と真剣に言われました。それがうれしかった」。一年前から信心に励んでいた藤枝。「頭痛がひどく、鉢巻《はちま》きをしないと頭が割れそうだった」が、いつしか薬も医者も要らなくなった。バス運転手の和男は酒好きで悩んでいたが、元気になっていく妻を見て御本尊の前に座るようになった。藤枝は「お猪口《ちょこ》がお数珠《じゅず》にかわった」と喜んだ。

「夫の酒乱や子どもの病気で、信心しても自分たちのことで精一杯でした。東陽館で先生と出会って変わりました。『自分のためだけの信心ではない』と教わったんです。翌日から、派遣メンバーの人たちと一緒に弘教に歩き始めました」

◇

「その頃、徳山ではワクチン不足で小児麻痺が流行し、私も生後間もなく発病しました」。山縣純一が振り返る。「後遺症《こういしょう》で右手、左足、顔面が動かず、両親は医師から『一生治らないでしょう』と宣告されたそうです」。

当時、三十歳だった後藤幸子。梅田支部の派遣隊として、張りきって徳山市を回っていた。「人家《じんか》はまばらで、あと一軒、あと一軒と歩きました」。夜のとばりが降《お》り、急に肌寒くなった。題目を唱え、山を越え、ようやく麓《ふもと》の一軒家にたどり着いた。「囲炉裏《いろり》の横に、体の不自由な男の子が寝ていました」――五歳の純一である。「山縣さんのご両親は、『今までいろいろな宗教をしてきたが、この通りだ』と男の子を指さして、私に『帰れ』と言われました」。

後藤は「妙法という大良薬《だいろうやく》がある」「宿命を変える方法がある」と、思い出すかぎりの御書を通して語った。「そこまで言うのならもう一度、その学会を信じてみよう」。すやすやと純一が眠る囲炉裏端で、両親は入会を決意した。

「飛ぶように『ちとせ旅館』に戻った」という後藤。「すでにみんな眠っていました。池田先生お一人が、静かに唱題をして、遅くなった私たちの帰りを待っておられました。その姿を目にした瞬間、涙がどーっと出てきて……先生の同志を思う真心と、この闘争に懸《か》ける一念の深さを知り『先生の祈りに支えられていたんや』と。報告の最中も涙が止まらず、先生は『その子の病《やまい》は必ず治るよ。よくがんばったね。早く休んで』とねぎらってくださいました。翌朝、先生はもう次の拠点に向かわれていました」。

山縣純一の父、悟は山口県下を弘教に歩いた。「実家が農家で、学会に入ったら村八分です。田植えや稲刈《いねか》りの時に人手が足りなくても『もやい』(＝共同作業)を手伝ってもらえなくなった」(山縣純一)。学校の友だちが親から「あの子と遊んじゃいけないよ」と言われているのを見かけたこともあった。

純一の病は入会から数年で快方《かいほう》に向かった。「千葉の学生部時代に先生とお会いする機会がありました。いくつかの闘病も乗り越えました。何事《なにごと》にも動じない妻に支えられて、一歩ずつ歩んでこられました」と語る純一。今は銀行員として働いている。

「真剣さは形に出る」

山口での日々を通して、池田は青年部を厳しく育てた。八幡製鉄所で働いていた塩出啓典。福岡の男子部隊長だった。池田が下関に来ると聞いて東陽館に通った。〈三交代の不規則《ふきそく》勤務、電車で一時間以上かかる組織。思うように活動できず、その悩みを率直に先生に打ち明けました〉(塩出啓典の手記)。

池田は「どんな幹部も悩む点だよ」と言い、「ところで今、君の鞄《かばん》の中には何枚ぐらいはがきが入っているの」と尋ねた。塩出は一枚も持っていなかった。「真剣さは必ず形に出る」。池田は厳しく諭《さと》した。「何としてもメンバーと会いたい。人材を出したい。そう思うなら徹底して手紙やはがきを書けばいいじゃないか。君は悩んでいるのではなく、悩む格好《かっこう》をしているだけだ。時間は与えられるのではなく、どう作り出すかだよ」。

埼玉の志木支部から参加した桑名義治。「明治大学を卒業したばかりでした。一回目は下関、防府、山口、岩国まで行きましたが、じつは先生の話の内容はほとんど聞いていないんです」。

理由がある。東陽館での御書講義の後、池田から「これから先発隊で座談会に行き、私が着くまで担当しなさい」と言われたのだ。この時、桑名は入会してまだ二年二カ月。「とても無理です」と断ろうとした瞬間、「できない者に僕は頼まない。なんで君は最初からできないと決めてかかるんだ!」と一喝《いっかつ》された。「先生が到着されたら次の拠点に行く、という連続で、もう必死でした。地元に戻ると『ずいぶん折伏の力《ちから》がついたなあ』と感心されました。最高の訓練でした」。

◇

池田たちが泊まる下関の東陽館を予約したのは、男子部だった嶋田耕である。下関漁港の競《せ》り子で、午前二時に起きる生活だった。寝台急行「天草《あまくさ》」で到着した池田を、父親とともに出迎えた。耕の兄は二十歳の時、水泳事故で頸椎《けいつい》を損傷《そんしょう》し、半身不随《ふずい》になった。母のムメ子が信心を始めた。東陽館で池田は、耕に「青年は金と暇《ひま》があったらダメになる。まず人格をつくることが一番だ。貧乏《びんぼう》は無形《むけい》の財産だよ」と語った。

嶋田家にとっての試練はその後に訪れた。母のムメ子が早くに病気で亡くなり、耕は信心から離れていった。耕の妻、淑恵は「私も義母から信心を教わりました」と振り返る。「夫は先生から励まされた競り子の時は羽振《はぶ》りがよかったのですが、自分で商売を始め、借金をつくり、苦しみ抜きました。先生がおっしゃった『貧乏は無形の財産』という一言を、私も胸に刻んで耐《た》える日々でした」。

やがて耕は壮年部でブロック長に復帰した。淑恵はホームヘルパーとして働き家計を支え続け、周囲から信頼を得て「県介護福祉士会理事」なども務めた。

出会いの〝種《たね》〟

九十三歳になる西村シズ。「山口では、新しい人を先生のもとに連れて行くのが楽しくて仕方ありませんでした」と語る。県内の各地で多種多様な出会いが生まれた。池田たちの強行軍《きょうこうぐん》は、一人、また一人と「心を変える」旅だった。

下関の岩本憲治。一九五六年（昭和三十一年）の十二月に入会し、翌年一月に池田の前で班長の任命を受けた。「賭《か》け事が好きだった父は、『自分を変えたい』と思って信心を始めました。先生に会った日、『すごい人に会ってきたぞ』『日本一の氷屋になりなさいと言われた』と感激して母に語ったそうです」（長男の隆雄）。

池田の講義に感動した妻から「信心しなくていいから、一度でいいから会ってください」と請《こ》われ、池田の気迫《きはく》に圧倒《あっとう》されて入会した壮年もいた。佐川一義はその日、病《や》みつきになっていた夜釣《よづ》りに行くから「そんなところには行かない」と抵抗した。

しかし、妻の貞子に肝心《かんじん》の釣具一式を取り上げられ、〈ぶんなぐってやりたい気持ち〉で「小池旅館」の座談会に向かい、池田と出会った。〈夜、家に帰ってから、その感激を火付け役の家内が辟易《へきえき》するまで、興奮して語ったことを記憶している〉（佐

平本勝が撮影した記念写真（1956年11月、柳井市）

川一義の手記）

柳井で写真屋をしていた平本勝。「記念写真を撮ってほしい」という妻の伝言で「開作屋《かいさくや》旅館」に出かけた（一九五六年十一月）。〈二階に上がると若い人が何か講義していました。その方が池田先生でした〉（平本勝の手記）。妻のヤエ子は、夫が信心に反対していることを池田に相談していた。「写真を撮ってもらおう。それならご主人に来てもらって話もできるでしょう」。

カメラを持って開作屋旅館にやって来た勝は、池田に「紙に書かれたものを拝んで、どうして功徳があるのか」と食ってかかった。池田は「千円札をあなたは恋《こい》しく思うでしょう」と答えた。「それは千円札に力《ちから》があることを知っているからです。御本尊様も同じです。あなたには読めないが、どんな人も幸せにすると書かれてある」。二カ月後、勝は信心を始めた。勝が撮った写真は当時を知る貴重な一枚になった。

◇

「どうせまた、金を巻き上げられるのが関の山だ」と思っていたのは吉井光照である。戦前から続く荒物屋《あらもの》の三代目だった。

一九四五年（昭和二十年）、光照が中学三年の時、父が南京《ナンキン》で戦病死した。母のチズ子のもとに五人の子と義母が残された。チズ子は多くの宗教を遍歴《へんれき》した末、福岡支部の吉村七郎から折伏された（一九五六年十月）。光照もいちおう入会はしたが「手を合わせて題目を唱えるのが嫌でした」と振り返る。

「防府は天満宮の『裸坊祭《はだかぼうまつり》』が有名です。あの頃は、祭りの三日間だけ働けば一年暮らせるといわれていました」。友人と飲み歩く日々だった。同年十一月、市内の「ふみや旅館」で池田と初めて会った。「『君は何も悩みのない顔をしているね。しかしこの信心に入った以上、とことんまでやってみるんだね』と励まされました。不思議な魅力を感じたんですね。『よし、とことんやろう』と。あの日から一日も勤行を欠かしていません」。

「私が吉井さんと飲み歩いた悪友です」と笑って語るのは植木三夫である。植木は「祖父の時代、藩主《はんしゅ》の毛利家と一緒に防府に移り住んだ」という大きなかまぼこ屋に生まれた。吉井の妻、直子から「何でも叶う」と言われ入会した。防府の「浴永《えきなが》旅館」で池田に声をかけられた。『『いい青年がいるじゃないか』『信心すれば立派な人間になれるよ』と言われて、自分の心を見抜かれたのかと思った」という。

戦争中、学校の教師から「お国のために死になさい」と教わった。十六歳で予科練《よかれん》の松山航空隊に入り、鹿児島の鹿屋《かのや》で特攻隊の訓練を受けたが、栄養失調で病院に送られた。戦後も暮らしは裕福《ゆうふく》だった。しかし気が晴れなかった。「心のどこかで『立派な人間になりたい』と思っていました。そこに先生の一言が響いたんです」。

防府では、片腕のない男の子を連れてきた親がいた。池田は「片腕がないから人生がダメだということにはならないんだよ」と語った。――片足を失っても大臣になり、世界をいっぱい知っている人もいる。両足でも世界のどこにも行けない人がいる。腕がないからといって負けてはいけないよ。両腕がある人以上に立派に生きるんだ――。

◇

「出会いの種」が何年も経って花開く場合もある。

八十一歳の藤澤トミ子。山口市内の「齊藤《さいとう》旅館」に嫁入りしていた。池田は同旅館を二度訪れ、その時、女将《おかみ》の重村マツエが信心を始めている。藤澤自身は池田との出会いの三十四年後（一九九〇年）に入会した。

「先生が二度目に齊藤旅館に来られた時、三歳になる私の長男が塗《ぬ》り絵と飴《あめ》をもらったんです。息子は絵を描くのが好きでした。『どこで知ったのだろう』と驚きましたが、最初に泊まられた時、義母のマツエが話したのかもしれません。今から思えばあの多忙ななか、学会員でもない一従業員の子どもにまで心配りをされていたことに感《かん》嘆《たん》します」

〝出会わない出会い〟もあった。小学校教師だった岸本ミヤヱは弟に折伏された。岩国の旧・玖珂《くが》郡高森町に住んでいた。結核を病んで休職し、病弱で悩んだ。〈池田先生が、市内の松秀食堂に来られると聞き、駆けつけたが、お会いできませんでした〉（岸本ミヤヱの手記）。

数日後、岸本は目を見張った。縦一メートルを超える洋紙に、墨痕《ぼっこん》鮮《あざ》やかな揮毫《きごう》が届いたのだ。

〈山陽広布の黎明《れいめい》の聖鐘《かね》を打とう　昭和三十一年十一月十九日〉

揮毫には「高森の人へ」という池田の伝言が添えられていた。三度の山口指導で、池田は何度も激励の筆《ふで》を走らせた。そのなかで、中心都市ではなく、辺地《へんち》で信心に励む、会うことのかなわなかった一女性に送ったこの揮毫が、最も大きなものとなった。

しばらくして岸本は復職した。ある教え子の母は、岸本が担当した授業参観の思い出を「中國新聞」（一九七三年八月三日付）に投稿した。その母親は耳が聞こえず、授業参観がいつも苦痛だった。〈懇談のさいに筆記していただいたのは初めてで……一校に一人でも岸本先生のように筆記してくださる方がおられたら、聴覚《ちょうかく》障害者の私どもは、どれほど助かるかしれません〉と岸本への感謝を綴っている。

「あの家ありて」

萩でパン製造業を営んでいた弘《ひろ》兼輔。三カ月ほど前に妻のフミヱが始めた信心に大反対で、しばしば妻に手を上げた。長女の小橋教子。「その日、自宅で座談会があると聞いた父は『東京から来る偉い奴に文句を言ってやる』と息巻《いきま》いたり、反発して親戚の家に出かけたりしました。私は母から頼まれ、必死で父の行方を捜《さが》しました」。〈座談会は十帖《じょう》、八帖、六帖の部屋がほとんど一杯でした〉（弘フミヱの手記）。父を捜し回って外から戻ってきた教子は「あ、父さんもいる」と驚いた。兼輔は池田の話に釘付《くぎづ》けになっていた。〈一分のすきもない迫力……いつしか指導を聞こうと耳をすましている自分に気づきました〉(弘兼輔の手記)。〈じっと見つめると、大きな波が幾《いく》重《え》にも私の生命に押しよせるように感じた〉という。「父は、先生の印象について、まるで太陽が昇った感じだったと言っていました」(次男の教満)。

池田は弘宅で「僕は体が弱く、やせて顔色も悪かった。それでも東京の街を、大八《だいはち》車《ぐるま》を引っ張って働いた。今では元気いっぱいで、人のために汗を流せるようになりました」と自身の体験を語った。座談会に訪れた十数人の新来者のほとんどが入会した。

兼輔は池田に「この家のご主人、どうぞこちらに」と促《うなが》され、池田と並んで勤行《ごんぎょう》した。「小学生だった私がミカン箱に白い紙を貼《は》ってこしらえた質素《しっそ》な仏壇でした」(小橋教子)。フミヱたちが急いで用意した茶碗を鈴《りん》に、箸《はし》を鈴棒にして、池田は朗々と題目を唱《とな》えた。

弘兼輔は数年後、家業のパン屋を傾け、倒産させてしまう。妻のフミヱは子ども七人を抱え、家計を少しでも助けるために、よもぎを摘《つ》んできて団子をつくり、市民球場の近くで日雇い労働者の人々に売って歩いた。「父は担《かつ》ぎ屋(=野菜などを産地から担いできて売る人）になり、島根の益田《ますだ》の市場まで毎日通いました」（小橋教子）。

山陰本線の行き帰り、兼輔は猛勉強を続けた。やがて宅地建物取引の資格をとり、不動産の店を起こす。苦境を乗り越える年月のなか、池田と出会った新川町の自宅から津守町、土原《ひじわら》と移り住んだが、すべての家を座談会場として活用し、弘夫妻は萩の草創期を支えていく。

◇

「三十三歳でした。病気は心臓疾患《しっかん》、肺結核、腎臓結核、卵巣《らんそう》の腫瘍《しゅよう》……あとは忘れました」と伊藤時枝は笑う。一九二三年（大正十二年）に生まれ、二十五歳で国鉄の車掌《しゃしょう》だった政治と結婚した。二人の子に恵《めぐ》まれたが、内職《ないしょく》の無理がたたり、寝たきりになってしまった。「夫が庭先で、洗濯板《せんたくいた》を使って洗濯しているところに、堺支部の方が通りかかり、声をかけてくれたんです」。

ひと月後、弘宅で座談会があると知った。まだ信心していなかった夫に頼み込み、自転車の後ろに乗せてもらった。「先生は私に『あなたは病気ではありませんよ』と言われました。びっくりしました。今から思えば私は身も心も病人なのだとあきらめていました。先生は、私の心に巣食《すく》う魔を打ち破ってくださったのだと思います」。

伊藤は翌日も夫の自転車の後ろにしがみつき、池田の宿泊先だった「高木屋旅館」に行った。
這《は》うように階段を上ってきた伊藤に、池田は「病気を治す方法は折伏です」と語った。時枝はタクシーで近所の友人を回り、同じく心臓病で悩んでいた中屋サダ子たち三人を「高木屋旅館」に連れ出した。池田は「私も肺病で、洗面器に血を吐《は》きながら苦しんだんですよ」と語り、三人全員がその場で入会を決めた。「その場で先生から『三人のお姉さんになるんですよ』と言われて、急に張り合いが出ました」（伊藤時枝）。

四カ月後、伊藤の病気は治っていた。通院していた玉木病院の医師も首を傾《かし》げた。

「三年後、大阪の会合で先生に再会し、ご報告しました。涙がぽろぽろ出ちゃって、御礼も言えませんでした」。自転車を駆って、萩の街中に「聖教新聞」を配って回った。自分で自転車に乗れるようになったことがうれしくてならなかった。八十九歳の今もすたすたと歩く。「あれ以来、七年前に皮膚がんで一度入院した以外、病気は一切ありません。先日も病院の検診《けんしん》で『どこも異常がないから来なくていい』って言われたんですよ」と笑った。

◇

弘兼輔の次男、教満が学生時代のことである（一九七三年）。「本部幹部会で先生が『今日の参加者は、ひと月に一回でいいから私宛に手紙を書いてください』と言われ

「私たちは、広宣流布の三世の旅路を、こうして、いつまでも一緒に歩いていくんです」――山口文化会館で草創の老夫婦を激励する池田（1977年5月）　©Seikyo Shimbun

たことがあり、私はわが家で行われた座談会について書きました」。しばらくして、池田から『御書要文集』が届いた。表紙をめくると、池田の直筆が目に飛び込んできた。

懐かしき
あの家ありて
今日の指揮

「栄えゆく青年になるか、滅《ほろ》びゆく自身に終わるか」

池田は山口に合計三度赴《おもむ》いた。二度目と三度目の間に、父、子之助《ねのすけ》の訃報《ふほう》に接している（十二月十日）。〈正直のところもう少し長生きしてもらいたかった。家を出て以来、息子らしいことは何一つできなかったように思えた。ただ一言「自分は長く不動の信仰をしてきたが、大さんのやっている法華経のほうが高いようだね」と父がもらしたことが、今なお私の耳朶《じだ》から離れない〉（『私の履歴書』）。

同月の池田の日記。〈身体の具合悪し。微熱《びねつ》あり……風邪、腹痛、胸痛等。常楽我《じょうらくが》浄《じょう》の人生を、信心を、満喫《まんきつ》できるのは、いつの日ぞ〉（一九五六年十二月二十四日）。〈一日中、心身共に不調。悔しい――淋《さび》しい。元気になりたし。皆は元気なのに〉（同二十五日）〈一日中、身体の調子悪し。死を感ず。いやな運命――。信心だ。自己と断固戦うことだ。本年最大の病苦か。さあ、自分との、真実の闘争を、来年から開始だ。栄《さか》えゆく青年になるか、滅《ほろ》びゆく自身に終わるか〉（同二十六日）

大阪・梅田支部の北角千佐子は、徳山の「ちとせ旅館」に玉のような汗をかきながら到着した池田を見ている。「皆が待っているよ。休んではいられない」と言って汗を拭《ふ》き、座談会場に入っていった池田の様子を〈あのお疲れの体で、今にも倒れそうだった先生の五体から、どうしてあのお声が出てくるのか〉と驚きを込めて書き残している。

創価学会は五十万世帯を達成し、一九五七年（昭和三十二年）が明けた。池田は三度目の山口指導に向かった。

◇

一月二十三日。伊藤悟は〈冬にしては暖かい朝でした〉と書き残している。防府駅前で履物《はきもの》屋をしていた。二カ月前に入会したばかりだった。「きっかけは父の商売が順調でなかったこと、貧乏のどん底だったこと、母が病弱だったことです」（長男の敏昭）。「その家旅館」に着いた池田は、足立支部からの派遣幹部を「足立区の漫才師と呼んでいます」と言って皆に紹介した。〈皆を笑わされ、次々と随行の幹部の紹介をされる先生の堂々たる態度は、まるで年令があべこべにさえ感じられた〉（伊藤悟の手記）。夜更けまで一対一の個人指導が続いた。家に帰った悟は妻の喜美恵に、池田の印象を「親しみやすい人じゃ」「初めて会った気がしない」と話している。

「先生は、山陽本線から宇部線に乗り換えるために、四番乗り場から八番乗り場へ移動されました」。十九歳だった鶴丸正道（山口市）。小郡駅に牛乳を配達していた。母のユクが小走りにやって来た。「防府から宇部に向かう池田先生が小郡駅で乗り換えるから、会いに行こう」。一月二十四日の朝八時過ぎである。

乗り換えの時間は十分ほどだった。「先生は車内で駅売りのゆで卵を食べておられました。朝、宿舎を出る直前まで個人指導され、まともに朝食をとられていなかったと思います」。発車ベルの鳴る直前まで、池田は正道たちに気さくに語りかけた。

この小郡駅に駆けつけた一人に、二歳の娘をおぶった金石モトエがいた。二カ月前に入会したばかりだった。四人の子を抱え、毎日の食費にも事欠《ことか》いていた。「近所の人が『この辺りで一番の貧乏は金石さんだ』と言うくらいでした」（長女の梶本圭子）。

自宅に戻ったモトエは、子どもたちに「素晴らしい人に会ったよ。何があってもあなたたちを幸せにするからね」と顔を輝かせて言った。「小郡駅で、先生とどのようなやりとりがあったかはわかりません。でも、あの日の母の表情と言葉は、今でも覚えています」。

「防府の地で先生から『広布の戦《いくさ》は時間があるからできるというものではない。なくても戦いは進むんだよ』と教わった。過信《かしん》は命取りや。中心者に呼吸を合わせな空転になる、と痛感しました」。大阪・松島支部の派遣隊だった辻仁志が語る。

同支部は弘教が進まず悩み、池田のいる下関まで指導を受けに行く時間が惜しいと感じていた。「突然、宿に電話があり、先生が防府まで来てくださったんです」（辻仁志）。池田は落胆《らくたん》している辻たちに「できている支部よりも君たちのほうが苦労しているはずだ。そう思ったから来たんだよ」と語り、感極《かんきわ》まった壮年幹部を「男は戦場で泣くものじゃないんだ」と励ました。「一時間ほどの滞在で、一緒に御本尊に向かいました。次の日から結果が出始めました」。

同支部の所属だった松井義明。防府の「その家旅館」で、朝食のご飯のおかわりを池田によそってもらった。「もう申し訳ないやら誇らしいやら、最高の思い出ですわ」と頭をかく。寿司屋だった松島支部長の玉置正一が「池田先生にやらせるわけにはいかん、私がやります」と粘《ねば》ったが、池田は譲らない。最後の一杯まで派遣メンバーの茶碗に盛《も》って回った。

「その前夜、先生は『君たちがなぜ山口まで来たのか教えよう』と言われました。『諫暁《かんぎょう》八幡《はちまん》抄』を通して『仏法西還《せいかん》』という言葉を教わりました」と松井は語る。仏法西還とは、インドから東へ伝わった仏法が、今度は日本から西へ弘まる、という考えである。

「『ここに集まった君たちが東洋広布をするのだ。必ず仏法が世界に広がる時が来る。一生はあっという間に終わる。私と一緒にやらないか』と。あぐらをかいて座っていましたが、思わず正座しました。当時は山口に来ただけでも大旅行やったのに、あんなことを言う人はいなかった。一生ついていこうと思いました」

松井は当時まだ珍しかったカメラを買ったばかりだった。早朝、「その家旅館」の前で池田たちの集合写真を撮った。

「昔の仏道修行は歩いた。今でもその原理は同じだ」

その写真に写っている中村綾子。二カ月前に信心を始めていた。「父の明は日雇《ひやと》いの大工。三人の子どもを抱えた貧乏生活でした」（長男の茂規《しげのり》）。綾子は四歳の茂規の

創価学会の徳山文化会館で、居合わせた母子と心交わすひとときを（1977年5月）　©Seikyo Shimbun

手を引き、次女の和恵を背負《せお》って、池田のいる「浴永旅館《えきながりょかん》」の階段を上った。「先生は『よく来たね』と言ってお菓子をくださった。当時は、お菓子なんてなかなか食べられなかったから、とてもよく覚えています」（中村茂規）。

池田に励まされた綾子は、茂規の手を引き、和恵を背負って、防府の町を折伏に歩き始めた。「あんたが幸せになったら来なさいよ」と心ない言葉を浴びせられもした。子どもたちの成長を楽しみに歩き続けた。

成人した茂規。四歳だった自分が写っている「その家旅館」の記念写真とともに、学会活動に励む様子を書いて池田に手紙を出したことがある。数日後、池田

の箴言《しんげん》集『わが友へ』が届いた。本の見返しには、

お手紙ありがとう。
母を大切に。学会を頼む

と書かれていた。

池田が三度にわたって指揮を執《と》った「山口闘争」で、県下の世帯数は四百数十から四〇〇〇超へ、約十倍に発展した。三度目の訪問を終え、日記に〈宿命打開と、広布の布石に、全力傾注の闘争せり。その実証、いつの日に出《い》づるや〉(一月二十八日)と綴《つづ》った。

それから二十六年後の一九八三年(昭和五十八年)。池田は山口県を含めた西日本指導に回った。その時池田の語った言葉が記録されている。

「昔の仏道修行は歩いた。歩みを止めれば仏道修行も終わりだった。今でもその原理は同じだ。動き続けていくのが仏道修行なのだ。そのなかで健康になり、信心も深まっていくのだ。ともかく私は歩き続ける。どこまでも歩き続ける」

◇

下関の東陽館に滞在中、池田は「下関に日蓮正宗の寺院があるはずだが、知っている人はいませんか」と尋ねた。妙宝寺という寺である。案内したのは二カ月前に入会したばかりの櫛谷君子《くしたに》だった。〈お寺とは名のみで、永年《ながねん》の風雨にさらされて、あばら屋といった風情《ふぜい》でした〉（櫛谷君子の手記）。荒れ果てた本堂で池田は題目三唱し、「これはひどいな」「ただちに戸田先生に修復《しゅうふく》をお願いしよう」と語った。

翌五七年（同三十二年）の四月二十日。雨のなか、会長の戸田城聖を迎えて妙宝寺の改築落慶《かいちくらっけい》法要が行われた。法主の堀米日淳《にちじゅん》も出席した。法要の後の祝宴《しゅくえん》で、戸田は扇《おうぎ》を手に舞った。その直後に戸田がもらした言葉を、櫛谷は手記に残している。

〈「今、大作は関西で命がけで戦っているんだ。大作はね、大作は……」とおっしゃるや、度《ど》の強い眼鏡《めがね》の奥の目から、涙がこぼれ落ちるのでした〉

男子部の班長だった安永誠之助も「大阪で可愛い我が子が死にものぐるいで戦っているのだ」という戸田の声を書き留めている。

櫛谷の長女、早河寿美子もその場にいた。中学二年生だった。半年前、東陽館で池田から「ぼくがお兄さんになってあげよう。明日学校がすんだら宿題を見てあげるから持っていらっしゃい」と言われたことがうれしく、忘れられなかった。「戸田先生の涙を見て、私も悲しくなり、泣けてなりませんでした」。

池田は苦戦していた。参議院大阪地方区の補選《ほせん》の渦中《かちゅう》にいた。戸田城聖が下関で涙を流した四日後、候補の中尾辰義は惜敗《せきはい》を喫《きっ》する。大阪府警は、戸田にまで狙いを広げて、選挙違反の捜査に乗り出した。「大阪事件」である（潮ワイド文庫『「民衆こそ王者」に学ぶ 常勝関西の源流』に詳述）。

第五章

「冬」に「春」を見る力《ちから》——第一部隊②

「元旦《がんたん》の朝食は、原則としてライスカレーです（笑い）。この日から、私の一年間の法戦《ほうせん》が開始されるわけですから」

――お正月の過ごし方を聞かれて、池田大作が答えた。一九八三年（昭和五十八年）から月刊誌「潮」で連載された対談『「仏法と宇宙」を語る』の一場面である（『池田大作全集』第十巻）。

天体の動きと人間の「暦《こよみ》」の関係が話題になった。かつて時代によって、文明によって、「新年」の始まる日は異《こと》なっていた。

「……古代のエジプトでは、『秋分《しゅうぶん》』が一年の始まりになっていた。ユダヤやバビロニアでは『春分《しゅんぶん》』であった。そしてギリシャでは、『冬至《とうじ》』のときを一年の生活の始まりと定めていたようです」

「……新しい生への喜び、新しい感謝を見いだそうとしたときに、どうしても、雄大《ゆうだい》なる大宇宙の運行へと、目を向けざるをえなかったと思われる。そのひとつが新年の祝いという、古来からの形態になったのではないでしょうか」

神奈川文化会館で新年を迎える池田夫妻。同会館で開かれた勤行会で、「学会の伝統である座談会に尽力を」「悔いなき素晴らしい人生のために強盛な信心を」と語った（1982年1月、横浜市）　©Seikyo Shimbun

そうした話の流れで、池田は正月をどう過ごすのかと問われ、「私の場合、お正月は大晦日《おおみそか》に終わってしまうようなもので……」と語る。

大晦日の夜――元旦の午前零時《れいじ》に、家族全員が集まり、勤行《ごんぎょう》をした後、「御造酒《おみき》を私が家族全員についであげ、おせち料理を少しずついただきます」。一年を締めくくる夜が明ければ、「一年中で、いちばん忙しい」という一日がライスカレーとともに始まった。

この対談で池田は「私は、毎日を元旦のような気持ちで出発していくことをモットーとしております」とも話している。

創価学会が行う「本部幹部会」も、カレーと縁《えん》が深い。〈本部幹部会は、略して、あるいは親しみをこめて、「本幹《ほんかん》」と呼ばれてきた。……「本幹」の当日は、皆、役員等で多忙である。そのため、七一年（昭和四十六年）二月から、何年もの間、本部の食堂のメニューは、カレーと決まっていた。作る方も、食べる方も、素早くすませ、さっそうと出かけた姿が懐《なつ》かしい〉（池田のエッセー、全集第一二九巻）。

◇

東京の小岩に住んでいた鈴木政行。部隊長の池田のもと、男子部の「第一部隊」で班長を務《つと》めた。

池田が部隊長を務めたのは、一九五三年（昭和二十八年）一月から翌年三月まで。妻の香峯子《かねこ》との間に長男の博正を授かったのは四月である。

政行たちは男子部の打ち合わせで、さまざまな相談で、国鉄（現・ＪＲ）の総武線《そうぶ》と京浜《けいひん》東北線を乗り継ぎ、大森駅から歩いて数分の池田宅を訪れた。「『戸田先生（戸田城聖《じょうせい》、創価学会第二代会長）からカレーライスの作り方を教わったから、きょうはカレーを作ってあげよう』と言われ、自ら腕を振るわれたこともあった」と語り残している。

当時の第一部隊のメンバーは「新婚の家庭に、日曜のたびに私たちがお邪魔《じゃま》して、本当に申し訳なかった」「当時は夢中だった」と口々に語る。

二十五歳の池田は、自らを慕《した》って集まる仲間と家庭料理で食卓を囲み、英気《えいき》を養った。ある時は天丼を作り、ある時はスイカをふるまった。〈今でもスイカを食べる時、あの時のスイカのうまかったことを思い出して話すことがある〉（鈴木政行の手記）。

――当時の男子部は、「部隊」のもとに「班」があり、さらに「隊」「分隊」と続いた。池田は、三三七人だった第一部隊の人数を、一年間で「一〇〇〇人」にする、と掲《かか》げた。在任中の一年三カ月で、四倍近い約一二〇〇人にまで増やした。拡大のカギは、十人の班長だった。

日本の敗戦から、ようやく八年（一九五三年）。江東区に住んでいた並木辰夫は、鈴木政行と同じく第一部隊の班長だった。「自転車が大変な貴重品。なんとか活動に使いたいと中古の自転車が買えたときは涙が出るほどうれしかった。今の自動車以上の重みがあったね（笑い）」と述懐《じゅっかい》している。一日三交代の工場勤《づと》め。不規則な時間や交通費をやりくりし、担当している埼玉の羽生《はにゅう》まで足繁《しげ》く通った。

あるメンバーは一枚の名刺を大切にしてきた。インクが滲《にじ》んで薄くなったその名刺には、手書きで池田の住所が記されていた。

「大田区山王弐《に》の一八九八　秀山荘《しゅうざんそう》」

秀山荘は当時、池田夫妻が住んでいたアパートである。

第一部隊の会合で池田と初めて会った時、池田は持っていた名刺に万年筆で自分の住所を書き足し、「ぼくの家はここだから、たまには遊びに来たまえ」と手渡してくれた。

――まだ信心をして日も浅く、生活も苦しかった。病弱な家族を抱えて、その日、その日をしのぐ苦しい毎日だった。部隊会に行くための電車賃も足りず、明日食べるものを食べずに行くこともあった。

部隊長の池田から教わった御書《ごしょ》（日蓮《にちれん》の遺文集《いぶんしゅう》）の一節を抱きしめて、二十代の日々を走った。

〈とてもこの身はいたずらに山野《さんや》の土と成るべし。惜《お》しみても何《なに》かせん。惜しむとも惜しみと《遂》ぐべからず。人久《ひさ》しといえども百年には過《す》ぎず。その間のことはただ一睡《いっすい》の夢ぞかし〉

――どんなことをしても、この身は空《むな》しく山野の土となってしまう。惜しんでもどうすることもできない。どんなに惜しんでも惜しみ遂《と》げることはできない。人はいくら長生きしても、百年を過ぎない。その間のことは、ただ一睡の夢である――（松野殿御返事、御書一三八六ページ、新一九九三ページ）

「部隊長は北極《ほっきょく》星《せい》でした」

男子部の第一部隊で、二十五歳の池田との出会いが生きる希望になった人は多い。

幼いころ、父と死別したあるメンバーは、貧しさゆえに小学校にまともに通えず、満足に読み書きができないまま社会に放り出された。

〈人々にバカにされ、賤《いや》しまれ、嫌がられ……十二歳で製材工場に勤めたが、無理がたたり、ケガの連続で指は十本のうち八本まで思うようにならず、……〉

「子どもを働かせる」ことが少なくなかった時代である。馬車引《ばしゃひ》きの仕事で汗を流している時、創価学会とめぐりあった。

ある日の御書講義。池田が「唱法華題目抄《しょうほっけだいもくしょう》」の一節を朗々と読み上げる声を聞いた。その時の喜びを綴《つづ》り残している。

〈……私は何としても文字を読むことができるよう、また書けるようになろうと、御本尊に決意しました。

部隊長は北極星《ほっきょくせい》でした。私の暗い人生に動かぬ光に見えました〉

学会の教学試験のたびに、泣くに泣けない思いをした。御書講義に参加して、まず題号（タイトル）の横に小さい字でフリガナを書いている間に、肝心《かんじん》の講義がどこまで進んだかわからなくなることもあった。座談会で、折伏《しゃくぶく》の場で、伝えるべきことを十分に伝えきれない力不足《ちからぶそく》が、なにより悔しかった。

部隊長の池田のもと、折伏と仕事で目まぐるしい一年余りを夢中で過ごした。翌年の秋、やっと〈自分の名前を漢字で書けるようになった〉ことがうれしかった。

また、隊長だった山田勇は〈大のにがての教学〉について、思わず池田に愚痴《ぐち》をこぼしたことがある。

「私は、学校もあまり行けなかったので、字が読めない、書くこともあまりない」としょげる山田に、池田は〈ともかくも法華経《ほけきょう》に名をたて（立）身をまかせ（任）給《たも》うべし〉という御書を引いて励ました（諸法実相抄《しょほうじっそうしょう》、御書一三六〇㌻、新一七九一㌻）。

――人間にはその人その人に個性があります。花も梅、桃、桜にそれぞれ特色があるように〝持っているもの〟を生かすことです。自分をそのように暗くすることはないのです。題目《だいもく》をあげきって「広宣流布《こうせんるふ》のお役に立たせてください」と心に決めることです――

◇

いっぽう、班長の鈴木政行は、大森駅で池田と待ち合わせ、初めて池田宅を訪れた時、〈本を読むことを嫌いな自分の姿を見抜かれた〉という。

〈自宅に着くと同時に、山と積まれた本がある書斎《しょさい》にて、「どの本でも読んでみなさい」……その後も班長たちに、その時に応じて順番に本を読ませ、その本から必ず学ばせてくださった〉（鈴木政行の手記）

——どんな人でも、多くの本を読むことだ。頭の良《よ》し悪《あ》しじゃないんだ。青年は、本をむさぼるように読まなくてはならない——その後も、ことあるごとに言われた。

またある日、池田から自分宛《あ》てに届いたハガキに励まされた政行は、〈私も班員に手紙をと思って書いて、先生に見ていただいた〉。

池田はその文面に目を落とし、「書かれている字一つ一つに真心を込め、その人を思い、『必ず奮《ふる》い起こすんだ』という一念が大事だ。字が上手《うま》いかどうかという問題じゃないんだよ」と語った。

手取り足取り、仏法者としての振る舞いを現場で共有する日々。池田はこう語っている。

「……たとえどんなに小さな組織であっても、自分の担当した地域に全魂をかたむけ、広布《こうふ》の城を完璧に構築していくことだ。千里の道も一歩からである。現実の自分の足元から広布は進むのだ——こう決意して私は戦った。

〝地道〟であっても、強い〝責任感〟をもって〝必死〟の取り組みができる人は、どこへ行っても勝利の道を開くことができる。反対にそれができない人は、何をやっても中途半端《ちゅうとはんぱ》になる。私は広布のために、どんなに地味で小さなことでも全力でやりきり、勝ちぬいてきたつもりである。『信心』の精髄《せいずい》、また『師弟』の強い絆《きずな》といっても、こうした地道な努力と戦いなくして絶対にありえないからである。

この精神は、その後の文京支部、男子第一部隊の時代においても、また関西や山口の法戦においても、まったく同じであった。どこにあっても私は命がけで戦いきった。その歩みにいささかの悔《く》いもない」(一九八八年のスピーチ、全集第七十二巻)

戦後日本の混乱期に、〝人生の北極星〟に出会った青年たち。そして動かぬ光として慕《した》われた池田。第二章に続き、第一部隊の日々を追う。

青年の熱と力《ちから》

太平洋戦争が終わり、再建が始まったばかりのころ、創価学会の「支部」は蒲田などの四つだった。戸田城聖が会長に就任した時点で、支部の数は十二になった。

戸田を会長に推《お》す署名簿《しょめいぼ》には、三〇〇〇人余りの人々が署名した。会長就任の日、

小岩支部の草創の会員の集いに出席する池田。報恩の信心の重要性を語った（1978年3月、東京・新宿区） ©Seikyo Shimbun

戸田は、自らの生涯を終えるまでに「七十五万世帯の折伏《しゃくぶく》」を成し遂げる、もし実現できなければ、私の遺骸《いがい》は品川沖に投げ捨てよ、と宣言する（一九五一年五月三日）。

三〇〇〇から、七十五万へ。この途方《とほう》もない願業を現実のものにして、戸田はその生涯を終える。

しかし、「七十五万世帯の折伏」を宣言した時点で、それぞれの支部にはまだ「男子部」や「女子部」などの体制は整っていなかった。

男子部は、支部のくくりとは別に四つの部隊が生まれた。第一部隊（小岩、向島《むこうじま》、城東の各支部）、第二部隊（足立、文京、志木《しき》、本郷、築地などの各支部）、第三部隊（鶴見支部）、第四部隊（蒲田、杉並、中野の各支部）である。

池田が部隊長になるまでの各部隊は――、〈たとえば、男子部の第一部隊は、他宗団との法論を得意とした。そして、各所に派手に転戦したが、座談会その他は、軽視するきらいがあり、部員増加は、遅々《ちち》として進まなかった。

第二部隊は、所属支部の座談会では活躍する部員がいたが、男子部本来の力《ちから》は発揮《はっき》できていなかった。団結の弱さと、着実な努力に欠けていたのである。

第三部隊は、部員の年齢が若く、信仰年数も浅くて、人材の少ないことに悩んでいた。部隊長は、個々に、実際の活動を通して訓練にあたり、将来の大成を望んでいた。

第四部隊は、九月に三十人の部員増加を成し、活発な座談会を、各班、競争で開催していった。そして、他宗との法論は最小限度にとどめていた〉(小説『人間革命』第五巻「前三後一《ぜんさんごいち》」の章)

◇

第一部隊の班長だった曾根原敏夫。初めて池田の存在を知ったのは「昭和二十六年十一月の総会」だった。市ケ谷にある東京家政学院の講堂に、一八〇〇人ほどが集まった。その中に敏夫もいた。

前の年に信心を始めた。一九二六年(大正十五年)に生まれ、十九歳で敗戦を迎えた。「戦争に負けて、アメリカの科学の力《ちから》に負けて、『神も仏もない』と思っていた」(曾根原敏夫の回想)。

蒲田支部が月201世帯の弘教を成し遂げたことを報じる「聖教新聞」(1952年3月10日付)。池田が支部幹事として指揮を執った
©Seikyo Shimbun

この信仰には力《ちから》がある。そう思い始めていた時だった。「一班長にすぎない、自分と同年代の若者の話が、登壇《とうだん》したどの幹部の話よりも強烈に印象に残った」という。

「青年の確信」と題された池田の決意は、そのひと月前、戸田城聖が発表した「青年訓《くん》」に対する応答だった。

〈新しき世紀を創《つく》るものは、青年の熱と力である〉という一文から始まり、創価学会青年部の礎《いしずえ》となった「青年訓」。池田は〈この文章ほど、戸田城聖の精神が脈打《みゃくう》っているものはない〉と記している（前掲「前三後一」の章）。

総会で登壇した池田は「政治革命よりも、経済革命よりも、実に、実に宗教革命の道の、いかに苦難であるかは、覚悟のうえです」と訴え、〈とにかくに死は一定《いちじょう》なり〉（上野殿御返事、御書一五六一㌻、新一八九五㌻）、〈難来《なんきた》るをもって安楽と意得《こころう》べきなり〉（御義口伝《おんぎくでん》、御書七五〇㌻、新一〇四五㌻）などの日蓮の言葉に自らの決意を託《たく》した。

翌五二年（昭和二十七年）の春先、曾根原敏夫をさらに驚かせる出来事が起きた。蒲田支部の二月度の折伏が、「二〇一世帯」を数えたのである。

敏夫は墨田区の業平《なりひら》橋に住み、向島支部で活動していた。蒲田が二〇一世帯を記録した同じ月、小さな向島は三十六世帯だった。それまで、どの支部がどれだけ努力しても「ひと月で一〇〇世帯」を超えるのがやっとだった。それが、一気に二倍の弘教を成し遂げたのである。

創価学会のすべての幹部が目を見張るような結果を出した蒲田支部。その中心にいるのは、二十四歳の池田大作という人らしい――先輩から伝え聞いた敏夫は、数カ月前、東京家政学院の講堂で火を吐《は》くように決意を語っていた若者の姿を思い出した。

「全部、戸田先生から教わったことなんだよ」

一九五三年（昭和二十八年）一月からの一年余り、曾根原敏夫は第一部隊の班長として、幾度《いくど》となく大森の秀山荘を訪れた。初めてそばで見る池田の振る舞いは、水際《みずぎわ》だったものだった。

会合で話す内容も毎回異《こと》なり、連れてきた部員たちを飽《あ》きさせず、納得させられた。自分より二歳年下のこの人は、いったいどうやって人としての力を身に付けたのだろう。素朴《そぼく》な疑問だった。

秀山荘の本棚に並ぶ本の質と量にも驚いたが、それよりも驚いたことがあった。敏夫はある日、本が山と積まれた秀山荘の洋間で、池田から「この本は全部、古本屋に売ろうと思っていた」ことを聞いた。

当時の池田は、昼の仕事を終えて、第一部隊——現在の墨田、江東、江戸川の各区を回った。さらに四月からは「文京支部」の支部長代理も兼任《けんにん》した。この間に書かれた励ましのハガキや手紙などの量も多く、目の回る忙しさである。

敏夫は「部隊長はいつ勉強しているのですか？」と尋《たず》ねた。

東京の向島や墨田支部などの合同幹部会に出席し学会員の呼びかけに応える池田。若き日、池田は男子部の第一部隊長として墨田など東京の下町を奔走した。幹部会で池田は〝折伏行は慈悲の行為である〟と訴えた（1960年6月、東京・台東区）　©Seikyo Shimbun

「……私の話しているのは、全部、戸田先生から教わったことなんだよ」。池田はそう言って、驚く敏夫たちに続けた。

――本は、信心する前から読んでいた。信心を始めた時、大聖人《だいしょうにん》の仏法から見れば、価値を感じられなくなり、全部、古本屋へ売っちゃおうかと思った。でも、戸田先生からいろいろなことを教えていただいたんです。本の読み方もそうだし、人間学も、地理のことも、科学のことも、そう。信心することによって、それまでの読書が全部、生きた。だから、私の話していることは全部、戸田先生から教わったことなんだよ——

曾根原敏夫の問いは、その後の創価学会の発展の〝因《いん》〟に迫るものだった。

『レ・ミゼラブル』を読み終わる——」

一九五〇年（昭和二十五年）から翌年初めまでの一年余りは、戸田城聖と池田にとって最も苦しい時だった。

小説『人間革命』に〈戸田と伸一（山本伸一、池田をモデルにした人物）という師弟がつくった、この期間の秘史《ひし》のなかに、その後の創価学会の、発展と存在との根本的な要因があったといえよう〉（第四巻「秋霜《しゅうそう》」の章）と綴られた歳月。その一端が、池田の日記に記されている。

◇

〈先生（戸田）も、私も、一日一日が、悪戦苦闘《あくせんくとう》の連続だ。先生の事業、日増《ひま》しに、苦境に入るを、明らかに感じて来る〉（一九五〇年七月九日、晴）

戦後の混乱期である。戸田は事業が業務停止に追い込まれ、八月には学会の理事長を辞任せざるをえなくなる。
二十二歳の池田は〈死んではならぬ。斃《たお》れてはならぬ。波浪《はろう》ハ、障害ニ、遇《あ》フゴトニ　ソノ頑固《がんこ》ノ度《ど》ヲ増ス〉（同）と自らを励ました。
〈会社、事業、非常に苦しいらしい。先生のお弱りの様子、目が痛い程……真実の同志の少なきことよ。近隣の友がどしどし魔《ま》と化《か》してゆく。これらを、突破して、進むことだ〉（七月二十日、曇）
〈毎日、十二時過ぎの帰宅となる。一寸《ちょっと》こたえる〉（七月三十一日、小雨）
〈生涯、今日の日より、苦しいことは、少ないことであろう。病気。職業の失敗。経済の破綻《はたん》。信用の低下。先生、実にお気の毒の様子。決起して戦う自分。而《しか》し、利あらずして、全く思うようにいかぬ〉（八月十日、雨）
八月二十二日、戸田が再起をかけて起こした会社（東京建設信用組合）の業務停止が決定。
〈断腸《だんちょう》の思い有り。無念、無念〉
〈字が乱れる。字が乱れてならぬ〉（八月二十九日、雷雨）
池田の体重は四十九キロを切り、社員が次々と戸田のもとを去っていくなか、信用組合の整理に奔走《ほんそう》する。

〈山本伸一を支えていたものは、この世で出会った戸田の特別の薫育《くんいく》と、日蓮大聖人の仏法だけしかなかった。彼は、そのことをギリギリのところで、繰り返し思った〉

(小説『人間革命』第四巻「秋霜」の章)

日記に〈『レ・ミゼラブル』を読み終わる〉と書いたのは、この渦中《かちゅう》のことである(八月三十日)。

戸田は自ら最悪の状況に陥《おちい》った時も、池田に「本を読め」「学べ」と薫陶《くんとう》し続けた。二人の語らいはルソーの『エミール』をめぐる教育論に及ぶ時もあった。戸田が「創価大学」の夢を池田に語ったのもこの時期である。

池田はページをめくる時間をひねり出し、トルストイの日記やホイットマンの『草の葉』、オスカー・ワイルドの『獄中記《ごくちゅうき》』などをひもとき、多くの御書の要文《ようもん》を抜き書きしていった。それらの要文は、のちに多くのスピーチで使われ、海外にも翻訳されていく。

〈題目をあげると、生命全体が暖かくなる。誠に、不思議なことだ〉(十一月二十日、快晴)

時間を見つけて折伏にも歩いた。

〈オーバーが無い。此《こ》の冬も、オーバーなしで通そう。T氏と一緒に、M宅に折伏に行く。入信せず。一人の人を、折伏することは大変なことだ。而《しか》し、これ以上に、尊い、偉大な、且《か》つ最高なる活動はない。今、一人の人が入信せずとも、幾百千万の人々が、吾等《われら》を待っている。二人して、悠々《ゆうゆう》と帰る〉（十一月二十六日、小雨）
〈今月で、三か月給料遅配《ちはい》。本日、少々戴《いただ》く〉（十一月二十八日、小雨）

◇

〈……人生は、戦争の如《ごと》く、厳しく、目まぐるしい感を抱く。何も知らなかった少年時代が、懐かしい。

だが、一歩も、退くことは、許されぬ〉（十二月十一日、晴）
〈大悪の連続〉（十二月二十三日の日記）だった「昭和二十五年」も師走を迎え、池田の職場（大蔵商事）は新宿の百人町《ひゃくにんちょう》に移る。
〈……戦時中の町工場のレンズ製作所の跡《あと》で、がらんとした建物には、既《すで》に工作機械はなく、事務所は地肌《じはだ》のままの土間《どま》であった〉（前掲「秋霜」の章）
ＪＲの新宿駅東口から北に少し歩き、「新宿大ガード」の高架下《こうかした》をくぐって右に曲がると、線路沿いにビルが立ち並んでいる。百人町の戸田の事務所は、現在の東京外語専門学校の手前にあった。
実業家の楠戸《くすど》智《さとる》は、百人町のそばで建材屋《けんざいや》を営んでいた。のちに池田が、

〈昭和二十五年のあの日
百人町に事務所を移し
再建の雌伏《しふく》の時を過ごした〉
（全集第四十二巻）

と綴った簡素《かんそ》な事務所の様子を、鮮明に覚えていた。
「小滝橋《おたきばし》通りには馬車が走っていたんですよ。夫はその時、まだ信心していませんから、百人町の木造の事務所で、戸田先生が池田先生に御書講義されていたことも、『聖教新聞』の創刊号が作られていたことも、ずいぶん後になって知りました。もちろん私もまったく存じませんでした」。八十五歳になる妻の美都子は笑顔で語る。

「長い冬だった。だが、もう間もなく春が来る」

楠戸智は和歌山から上京し、建築資材《しざい》を扱う楠戸建材を立ち上げる。「夫は西新宿七丁目に〝星の見えるようなバラック小屋〟を建てました。その他に、運んできた資材をいったん置くための倉庫を近所で借りたんですが、その倉庫が、戸田先生の事務所と同じ敷地《しきち》だったんです。

出入りする人々と声を交《か》わすことはなかったようですが、夫は好奇心のかたまりでしたから、資材を運びながら、よくお隣の様子を覗《のぞ》いていたようです。国鉄の線路沿いにはバラックがたくさん立っていました」(楠戸美都子)。

やがて戸田が立ち上げた会社は市ケ谷ビルへ移る。そして西神田の学会本部は信濃町へ移っていく。

智と美都子は一九六〇年(昭和三十五年)、創価学会に入った。商売も軌道に乗り、建材にとどまらず幅広く事業を広げていった。

「昭和五十三年に新宿文化会館が落成した時、私たちが住んでいる西新宿総ブロックで何かお祝いをしようと話し合って、〝百人町の事務所の模型《もけい》〟を作ったんです。当時の様子を知っているのは夫だけなので、皆さんから『しっかり思い出してね!』とハッパをかけられていました」

事務所には窓が二つあったこと。木造の机に、長いすが何脚か並んでいたこと。梁《はり》から裸《はだか》電球がぶら下がっていたこと。そして建物の周りに雑草が元気に生《お》い茂っていたこと。智の記憶と小説『人間革命』の描写を頼りに、精密《せいみつ》な模型が出来上がった。

〈……二月の初旬《しょじゅん》のある日、戸田は、事務所の窓から、荒れ果てた敷地の片隅《かたすみ》を、じっと見つめていた。

1951年（昭和26年）当時の東京・新宿の街並み。集合住宅の「戸山ハイツ」が立つ一方、トタン屋根の平屋も多く残る　© 毎日新聞社

「ごらん、あの枯《か》れ草を、よくごらん」

　戸田の指さす草むらを、不審《ふしん》げに社員たちは見た。枯れたままになっている草むらは、誰一人、掃除《そうじ》する者もなかった。彼らは、掃除の行き届かぬことを責められたのかと思った。

「あの枯れ草だって、よく見てごらん。もう青い芽を出しているではないか。

　冬は必ず春となる——これは、どうしようもない生命自体の不思議な力だ。この力を、宇宙に遍満《へんまん》する南無妙法《なんみょうほう》蓮華経《れんげきょう》といってもよい。あの死んだ枯れ草に、どうして青い芽を出す力があるんだろう。しかし、事実は厳然としてあるのだ」〉（第五巻「烈日《れつじつ》」の章）

百人町の小さな建物は、戸田と池田にとって、〈法華経《ほけきよう》を信ずる人は冬のごとし。冬は必ず春となる〉（妙一尼御前御消息《みよういちあまごぜんごしようそく》、御書一二五三ジペー、新一六九六ジペー）という日蓮の言葉をわが身で実感する象徴だった。

〈女子社員の一人は、事務所を出て、その枯れ草を分けてみた。草むらの根元には、ほとんど目立たぬ、幾《いく》つもの小さな青い芽が見られた。

彼女は、驚きの声をあげた。

「まぁ、かわいい！」

戸田は、笑いながら、みんなに向かって語りかけた。

「ぼくらの会社だって、世間の目から見れば、全く枯れ草のように映っているだろう。だいいち、君たちでさえ、そう思い込んでいるんじゃないか。

しかし、それは違うよ。確かに長い冬だった。だが、もう間もなく春が来る。間違いなく、春が来るに決まっている。ぼくらには本物の南無妙法蓮華経があり、純粋な信心があるからだ。世間で、いくら枯れ草のような会社だと言われたって、新芽《しんめ》の吹く時が、必ず来るに決まっているよ。

もし、大聖人の仏法が信じられるなら、ぼくの言うことを信じなさい。もうしばらくの辛抱《しんぼう》だ。こういう苦しい状態が、いつまでも続くように見えるかも知れないが、そんなことは絶対にない。頑張《がんば》っていこうじゃないか」

戸田は、何げなく祈るように語ったが、社員たちには深い感銘を与えたのである。確かに草の芽は、南側の草むらから萌《も》え出している。戸田に言われるまで、誰一人、気づかなかっただけである〉（前掲「烈日」の章）

西新宿総ブロックの人々は、模型の木造事務所の脇にも、黄色や白のたくさんの花々を咲かせて、池田のいる学会本部に届けた。

困っている人の所に幹部は真っ先に駆けつけよ

枯れ草の中に〝春〟を見つけてからしばらく経《た》ったころ――戸田城聖は、この百人町の事務所で池田たちに教学を教えている。

〈新宿、先生の社にて、青年部会。集合、十四名。「諸法実相抄」の講義。先生より、法華経第一の巻と、方便品《ほうべんぼん》第二との関係をはじめ、数度の質問有り。小生の、不勉強に心痛む。先輩を見習わねばならぬ〉（池田の日記から。一九五一年二月二十二日、小雨）

「諸法実相抄」には、〈日蓮と同意ならば地涌《じゆ》の菩薩《ぼさつ》たらんか〉や〈力《ちから》あらば一文一句なりともかたらせ給うべし〉などの名高い一節がある。

この一年後に発刊されることになる御書の「発刊の辞」で、戸田が引用したのも「諸法実相抄」だった。

事務所のすぐそばを山手線や総武線《そうぶ》がひっきりなしに通る。むき出しの土間《どま》をすきま風が吹き抜ける。にぎやかな列車の音を耳にしながら、戸田の講義は続いた。

〈先生の、弟子に対する訓練、次第《しだい》に深く感ずる。宿命の代表の弟子も吾《わ》れなりと、心苦しむ。皆で、この師の遺業《いぎょう》を立派に果たしたいものだ。今は、罵詈罵倒《めりばとう》されている師、学会。而《しか》し、吾等の成長せる、十年後、二十年後を見るべしと、心奥に、岩の如く感情が湧《わ》く……〉（池田の日記、同）

翌日は〈夕刻、どしゃぶりの中を、先生宅にゆく。講義なし。永遠の生命について、宿題あり。全く困る、難しくて〉。

その翌日には〈『三国志』全巻、読み終わる。構想大なり。人心の機微《きび》よく画《えが》けり。大戦乱に、活躍せし、武将、政治家の一大絵巻の感あり。策あり、恋あり、涙あり、意気あり、力あり、教訓多々なり〉。

二カ月後、この小さな土間の事務所で「聖教新聞」が産声《うぶごえ》を上げる。戸田と池田を襲《おそ》った長い〝冬〟が、去ろうとしていた。

2019年11月18日に開館した「創価学会　世界聖教会館」。「聖教電子版」は220を超える国と地域からアクセスされている　©Seikyo Shimbun

◇

後年、楠戸智が建てた建物に入っていた飲食店が、火事を出したことがある。火が収まった後、ある幹部から池田に報告が入った。

〈……お名前と場所を聞き、会合が終わるや、私は妻と一緒に被災者のお見舞いのために、花束をもって、オーバーの襟《えり》をたて、寒風の中へ飛び出した。ところが、聞いた場所に、火災のお宅がなかなか見つからないのである〉（池田のエッセー、全集第一二六巻）

場所の説明が、間違っていた。

〈……さんざん探して、ようやく見つかった。聞けば、その幹部は、まだ火災の現場に行ってもいなかった。

私は心配した。出来上がった組織に、若い幹部が乗っかって、草創の父母が紅涙《こうるい》を流しながら築いた組織の上に安住《あんじゅう》しはじめたならば、仏法流布の未来は描けない。

私は注意した。

「いちばん困っている人の所に、幹部が、真っ先に駆けつけるのが、学会です。そして、最も悩み、苦しんでいる人を、全力で励ますのが、学会なのです。何をさしおいても、飛んでいくのです。私は、そのようにやってきました。学会のスピードを、おろそかに考えてはいけない。もっともっと本当の学会というものを知らなくてはいけない」

「もう一つ、リーダーの発言は、正確でなくてはいけない。地図一つ説明するのでも、いい加減なことはいけない。正確、正確、正確……これが学会なのです」〉（同）

池田は二十二歳から二十三歳にかけて、オーバーもなく、シャツの着替えにも事欠《ことか》くなかで百人町に通った。その〝木造の戦場〟で思いがけない縁《えん》のあった楠戸智を、折に触れて励まし続けた。

九五年（平成七年）に智が生涯を終えた時、〈三世《さんぜ》まで／忘るることなき／父君の

／偉大な光は／世界を照らさむ〉と追悼《ついとう》の和歌を贈っている。

傲慢《ごうまん》を叱《しか》り、嘆《なげ》きを包む人

池田は、恩師である戸田城聖の人間性が〈世間的な寛容とか襟度《きんど》などという概念を、はるかに超えたところ〉からほとばしるものだったと綴っている。

〈彼（戸田城聖）は、接する老若男女《ろうにゃくなんにょ》に対して、なんの分け隔《わへだ》てもしなかった。誰人であろうと、まさしく一個の人間として、遇《ぐう》していたのである。そこには、虚偽《きょぎ》も、欺瞞《ぎまん》も、虚飾《きょしょく》も、入る隙《すき》は全くなかった。

彼は、前科何犯《ぜんかなんぱん》であると告白する人の罪は、決して責めなかった。しかし、命をすり減らしての真剣な指導に、虚栄《きょえい》や追従《ついしょう》、お世辞《せじ》や傲慢《ごうまん》さで応《こた》える者を見る時は、それを許さず、突如《とつじょ》、烈火《れっか》のごとく怒りだす。そして、全精魂《ぜんせいこん》をもって、その虚栄と傲慢を叩《たた》き出すのであった。不真面目《ふまじめ》な、ずるい妥協《だきょう》は、絶対にしなかった。

こうした時の彼の豹変《ひょうへん》を、人びとは、理解に苦しむことが多かったようである。それは、誰よりも鋭敏《えいびん》に、虚偽をかぎ分ける彼の心の働きを、人びとが容易に気づかなかったからではあるまいか。

〝こんなことに、なぜ、あんなに怒るのであろうか〟と疑問をもった人びとも、後日、叱《しか》られた人の身の上に起きた現象を知って、初めて、戸田の怒りは当然であったと納得することが多かった。そして、彼の怒りが、慈愛《じあい》から発したものであったことを知って、驚くのが常であった〉（小説『人間革命』第三巻「群像」の章）

◇

日蓮は、仏の生命を〈無作《むさ》の三身《さんじん》〉（「御義口伝」など）と呼んだ。無作――何も飾り立てない、本来ありのままの姿でありながら、最高の自分の力が出せる――そうした生命観を「桜梅桃李《おうばいとうり》」――〈桜は桜、梅は梅、桃は桃、李《すもも》は李と、おのおのの特質を改めることなく、そのままの姿で、無作三身の仏であると開き、見ていくのである〉とも説いている（御義口伝、御書七八四ジペー、新一〇九〇ジペー、通解）。

〈彼（戸田城聖）の振る舞いのさまざまな様相は、まさに仏法に説く「無作」というよりほかになかった。そこには、世間的な通念では律《りつ》しきれぬものを含んでいたのである。

多くの人びとにとって、ある時は、最も近寄りがたい戸田城聖であり、ある時は、この世の誰よりも、一切を包容《ほうよう》してくれる戸田城聖であった。それは、戸田の心が、その時その時で、目まぐるしく変転したからではない。戸田に接する人びとの心の状態に、戸田は鋭敏《えいびん》に反応したのだ。

傲慢な心を見るや、戸田の口からは激しい叱責《しっせき》が発せられたし、絶望《ぜつぼう》と悲嘆《ひたん》に暮れる人を見れば、慈愛《じあい》の言葉で温かくつつんだ。いわば、戸田は鏡であった。

しかし人びとは、そのことには、少しも気づかなかった。そして、気づかぬばかりか、逆に、彼の〝豹変《ひょうへん》〟に、呆気《あっけ》にとられていたのである。

彼と面識をもった多くの人びとは、その強烈な第一印象を、いつまでも忘れることがなかった。その折、彼らの心に映じた戸田城聖の像は、人生のさまざまな浮沈《ふちん》の時にも、常に色あせることなく、彼の没後《ぼつご》、年月を経《へ》ても、ますます鮮明《せんめい》さを増して、脳裏《のうり》に浮かんでくるのであった〉（前掲「群像」の章）

池田は、最も厳しく、最も温かな師である戸田と運命を共にした。そして、戸田から学んだことのすべてを、東京の墨田、江東、江戸川を中心とした第一部隊の仲間に惜しみなく注ぎ込んだ。

「池田部隊長に部員を会わせよう、部隊長の出る会合に出せばなんとかなる」（並木辰夫の回想）という日々が始まった。

第六章

見えぬ一念が全てを決める——第一部隊③

「遠藤君は、最後で」――池田大作から声をかけられた遠藤良昭は、これから海外に旅立つという人を池田が一心に励ます様子を見守っていた。「学会本部の小さな部屋でした。先生はお疲れのご様子でした」（遠藤文江）。

良昭は、妻となる文江を連れて、六年前に池田と交《か》わした約束を果たしにきていた。結婚が決まったら、ぜひ会いに来てください――千葉の市川に住んでいた良昭が、池田からそう言われたのは、大阪の地だった。

「夫は昭和三十一年の『大阪の戦い』に、千葉から参加した一人です。あの日は『大阪で先生と約束したんだ』と、結婚が決まった私を連れて行ってくれたんです。夫婦で池田先生にお会いしたのは一度きりです。昭和三十七年一月二十五日。忘れられない日付です。『大阪事件』の裁判《さいばん》で、先生の無罪判決が出た、その日でしたから」（遠藤文江）

一月二十五日の午前――池田は大阪地方裁判所に出廷《しゅってい》し、無罪判決を聞いた。空路《くうろ》、東京の信濃町に戻り、夕刻には首都圏の幹部会に出席。その前後、何人かの人々

大阪事件の無罪判決の日、創価学会の関西本部を出発する池田（1962年1月、大阪市）。この日の夕刻には東京に戻り、首都圏の幹部会に出席。終了後には結婚を控えた青年部員と懇談し励ましている
©Seikyo Shimbun

を励ましている。遠藤夫妻もその中の一組だった。

「二百年先のために今、戦っている」

「大阪事件」は、今では検察が池田を狙《ねら》い撃《う》ちした冤罪《えんざい》事件として知られるが、無罪判決が出た日の「毎日新聞」夕刊には「地検《ちけん》としては納得のいかぬ判決で当然控訴《こうそ》することになるだろう」という大阪地方検察庁の検事の談話が報じられている。

しかし二週間後、大阪地検は結局あきらめた。「KOUSO NASI（控訴なし）」——池田はその一報を、

エジプトの首都カイロに届いた電報で知った（潮ワイド文庫『「民衆こそ王者」に学ぶ常勝関西の源流』に詳述）。

中東のイラン、イラク、トルコ、さらにギリシャ、パキスタン、タイなどを訪れた旅の途上だった。池田が創価学会の第三代会長になって、もうすぐ二年。「頭の中に『智慧《ちえ》の嵐』が吹き荒れてきた」と述懐《じゅっかい》している時期である。

「口《くち》はばったいような言い方になるが、私は『法華経《ほけきょう》』という『生命の宝塔《ほうとう》』の教えを、世界に弘めてきました。まだまだ緒《ちょ》についたばかりだが、流れはできあがった。戸田先生は『二百年先のために今、戦っている』と言われたが、私も同じ気持ちです。今の人類を、その子孫を、どう幸福と安穏《あんのん》の方向にもっていけるのか――。地球を背負っているような気持ちで、行動してきた。その『責任感』に立った時、頭の中に『智慧の嵐』が吹き荒れてきた。次々と先手を打つこともできたのです」（普及版『法華経の智慧』〔下〕五三〇ページ）

「『真剣』であれば『智慧』はわいてくる」

会長就任からの数年間は、やがて国境を超えて花開く「平和」「文化」「教育」運動の〝礎《いしずえ》〟を固める時期でもあった。学会の陣頭指揮《じんとうしき》のみならず、公明党を創立し、民音（民主音楽協会）を創立した。その後、東京と大阪に創価学園を、そして八王子に創価大学や美術館を創立した。

「東西冷戦」の渦中《かちゅう》、政治体制の異《こと》なる中国やソ連と友好を結び、歴史家トインビーとの対談をはじめ、文明のあり方を模索《もさく》する対談集を出し続けた。

「頭の〝いい悪い〟じゃないんだよ。『真剣』であれば、必ず『智慧』はわいてくる。法華経の一句一偈《いっくいちげ》を忘れたら、普賢菩薩《ふげんぼさつ》が『私が、必ず教えに現れます』と誓《ちか》っていたでしょう。これは、このことです。智慧が出なかったら、普賢品《ふげんぼん》は、法華経はウソになってしまう。

『自分は真剣にやっているが、智慧が出ない』という人もいるかもしれない。しかし、たいていの場合、そういう人は、内心では自分は頭がいいと思っているのです。

本当に頭が悪いと思ったら、『これでは皆に申しわけない』と思ったら、必死で題《だい》目《もく》を唱えるはずです。それで変わらないわけがない。『だれかがやるだろう』とか、『自分には関係ない』という一念が、奥底《おうてい》にあるのです。それがあるかぎり、『普賢菩薩の威神《いじん》の力《ちから》』は出てこない。『自分がやるんだ！』と信心で立ち上がった時、世間的な頭のよしあしを超えて、最高の『智慧』に適《かな》った行動になるのです」（同）

会長職の激務を縫《ぬ》って、池田はかつて結んだ数多くの〝小さな約束〟を果たしていく。

遠藤良昭が初めて池田と会ったのは、東京・墨田区の向島《むこうじま》で行われた男子部「第一部隊」の会合だった。

◇

〈……父の長い患《わずら》いで預金《よきん》は使い果たし、家財《かざい》道具のありとあらゆるものを売り払い、それでも足りず親戚《しんせき》へ借金に歩き、とうとう私は中学三年生で一家の生活の面倒をみる立場となってしまった〉

〈父の五年にわたる病床《びょうしょう》生活……きょう生きるか、あす死ぬかという状態にあった〉（遠藤良昭の手記）

良昭は十五歳で働かざるを得なくなり、重い荷物を背負った。信心を始める前は〈生活苦に追われ、青年《せいねん》どころか（顔色の青い）アオ年《ねん》といったほうがピタリと当てはまっていた〉という。

中学校時代の同級生から創価学会の話を聞き、信心を始めた。まじめに折伏《しゃくぶく》に歩いたが、〈私の姿が、生活があまりにもみじめなためか、誰一人として入会する者はいなかった〉。

池田が第一部隊の部隊長になったころ、男子部の会合に出るようになった。「向島の拠点で、小さなテーブルを前に、先生はしげしげと私の顔を見て言いました。『教学は難しいかもしれないが、着実に、あきらめずに、コツコツやることが大切だよ。『教学を身につけていかなければ、信心は、確信も持てないし、持続もできません』。飽《あ》きっぽい私の性格を見抜かれての指導でした」（遠藤良昭の回想）。

「信仰とは観念《かんねん》ではない。実践あるのみだよ」とも念を押された。

「部員数一〇〇〇人」を目指していた第一部隊が、ようやく六〇〇人を超えた秋のことだった。年末に行われる大きな総会に向けて、「一〇〇〇人の結集」という新しい目標を掲げた。そんな折、とりわけ印象的な会合があった。

〈池田部隊長を中心にした打ち合わせ会があり、……一人一人が署名をして決意を固めている最中に電気が消え、ローソクの灯《あか》りの中で行われた〉（遠藤良昭の手記）

「学会の指導とは『思い切り、聞いてあげること』」

同じく第一部隊で薫陶《くんとう》を受けた葛飾《かつしか》の小針久宜《ひさよし》も、この日の会合のことをよく覚えていた。

〈昭和二十三年二月、東北から上京し、葛飾の小さな鉄工所で働いていました。終《しゅう》戦《せん》間《ま》もない当時ですから、食糧事情《しょくりょう》はもとより、電力不足のため、音のうるさい重《じゅう》油《ゆ》エンジンの動力を使っての作業……仕事以外にはこの世に希望もなく、忙しい毎日でした〉（小針久宜の手記）

一九五三年（昭和二十八年）の二月、小針は創価学会に入ったものの、〈なんのための信仰か〉と悩んでいた。「青年部の集まりがある」と聞き、池袋の会合に足を運んだ。そこで初めて、第一部隊長になったばかりの池田と会った。

電車の中で池田と乗り合わせ、あいさつすると、「俳優の黒川弥太郎に似ているね」と言われたこともある。「人の顔は四十までは親の責任だが、四十を過ぎれば、その人自身の責任だ。だから、それまでの信心が大事なんだよ」と励まされた。

数カ月後、第一部隊の会合で停電があった。

「池田先生が部隊長になる前は、弘教《ぐきょう》が実っても、その後の面倒をみず、会合に出てこなくなる新入会の人が多かったんです。

停電した日の会合で先生は『どうして新入会の人のことを放っておくのか。あまりにも無慈悲《むじひ》です』と叱《しか》られました。『出てこなくなった人全員に、直接会って、励ましていこう。学会員一人ひとりを大事に、面倒をみて育てていく。それも大切な弘教です』と厳しく教わりました」と語り残している。

それからしばらくして、池田は葛飾の組織を担当した時、中心者だった壮年部の西方国治に「学会の指導とは『思い切り、聞いてあげること』です」と語っている。さらに「個人指導の秘訣《ひけつ》」として「この御書《ごしょ》（日蓮《にちれん》の遺文集《いぶんしゅう》）を心肝《しんかん》に染めるように」と伝えた。池田が示したのは、日蓮が引いた『摩訶止観《まかしかん》』の鋭い一文だった。

〈もしも、いつも他人に勝《まさ》ることを欲《ほっ》して、耐《た》えることができなければ、人を見下《みくだ》し、軽《かろ》んじ、自分を高くして、まるでトンビのように高い所から見下《みお》ろすようなものである。それは、たとえ外見は礼儀《れいぎ》に篤《あつ》いように振る舞っていても、「修羅《しゅら》」の道に堕《お》ちてしまっている〉（十法界明因果抄《じっぽうかいみょういんがしょう》、趣意、御書四三〇㌻、新四六四㌻）

◇

一九五六年（昭和三十一年）――池田は足繁《あししげ》く大阪に通った。大阪支部はこの年の三月、どの支部も達成したことのない「五〇〇〇世帯」、さらに五月には「一万一一一一世帯」の弘教を記録する。

〝ほとんどの幹部が地面から五寸（約十五センチ）ほど浮き上がり、大阪中を走り回った〟とまで言われる「大阪の戦い」。第一部隊出身の遠藤良昭も、その熱い渦《うず》の中で信仰者としての芯《しん》を鍛《きた》えた。金曜の夜行列車で大阪に行き、日曜の夜行で墨田に戻るという強行軍《きょうこうぐん》をひと月ほど続けた。

大阪での一日は、早朝、関西本部で池田を中心にした勤行《ごんぎょう》と御書講義から始まった。週末に応援で駆けつける人々は、関西の人々から「池田先生はな、昨日はこの御書を話さはったで」「今週は、こういう話が多かったで」と教わり、共有した。

「大阪の戦い」に参加した幹部たちは、池田の指導によって変化した点を二つあげている。一つは〝幹部が威張《いば》ることがなくなった。堅苦《かたくる》しさも解決して、本当のうれしさに変わってきた〟。もう一つは〝忙《いそが》しくなっても御書を放り出さず、たとえ一行でも御書を読んで活動するようになった。それで勢いが出た〟〝闘《たたか》いが烈《はげ》しいほど、御書も実際に身に沁《し》みます〟。

これらの変化の源《みなもと》が、池田の早朝講義だった。

信仰の結果について――

〈陰徳《いんとく》あれば陽報《ようほう》あり〉（陰徳陽報御書、御書一一七八ページ、新一六一三ページ）、〈かくれ《隠》ての信あれば、あらわれ《顕》ての徳あるなり〉（上野殿御消息、御書一五二七ページ、新一八五〇ページ）

祈る姿勢について――

〈叶《かな》い叶わぬは御信心《ごしんじん》により候《そうろう》べし。全く日蓮《にちれん》がとが《失》にあらず〉（日厳尼御前《にちごんあまごぜん》御返事、御書一二六二ページ、新二一三五ページ）

関西本部を訪れ渾身の指導をする池田　©Seikyo Shimbun

〈たとえ妙法《みょうほう》を唱えていても、〝自分の心の外に法がある〟と思っていれば、まったく妙法ではない〉（一生成仏抄、趣意、御書三八三ページ、新三一六ページ）

「生きる」意味について――

〈今まで生きて有《あ》りつるは、このことにあわん《遇》ためなりけり〉（弥三郎殿《やさぶろうどの》御返事、御書一四五一ページ、新二〇八五ページ）

〈一生はゆめ《夢》の上、明日をご《期》せず。いかなる乞食《こつじき》にはなるとも、法華経にきず《瑕》をつけ給《たも》うべからず〉（四条金吾殿御返事、御書一一六三ページ、新一五八三ページ）

池田が大阪で引いたこれらの御文《ごもん》は、今も多くの創価学会員が親しんでいるものばかりである。

遠藤良昭は、第一部隊で教わった「信

仰とは実践あるのみ」「教学を身につけよ」という指導を、大阪の地で自ら体現する池田のリーダーシップに食らいついていった。

〈……（大阪で）合間を見ては、先生から「困ったことがあったら遠慮《えんりょ》なくなんでも相談しなさい」というお話がたびたびあり、私の家の生活状態を申し上げた〉（遠藤良昭の手記）

父の病や、中学から高校で満足に学べなかったつらさを吐露《とろ》した。

〈法華経を信ずる人は冬のごとし。冬は必ず春となる〉（妙一尼御前御消息《みょういちあまごぜんごしょうそく》、御書一二五三ページ、新一六九六ページ）――この一節を、「大阪の戦い」のまっただ中で池田から教わった。「結婚が決まったら、ぜひ会いに……」と言われたのも、この時だった。厳しい台所事情をやりくりして大阪まで通う良昭に池田は、

〈山を抜く　力《ちから》の限り　妙法の　流布《るふ》にたち征《ゆ》け　亜細亜《あじあ》の健児《けんじ》ぞ〉

〈人生とは斗争《とうそう》の異名《いみょう》なり　生涯続く斗争を　楽《たの》しく強く　舞い征《ゆ》くが如《ごと》くあれ〉

と書いて贈っている。

「生前の夫は『楽しかった』って。『特に大阪の戦いは、とにかく楽しかった』と言っていました」（遠藤文江）

大阪で「一万一一一一世帯」を成《な》し遂《と》げた六年後――「無罪判決が出た日、先に待

っておられた方々への激励が終わって、残ったのが私たち二人だけになると、先生は少しくつろいだ様子になられて、『よかったじゃないか』『幸せになるんだよ』と言われました」。

短い時間だったが、池田は二人の前途を祝った。職場でも昇進を果たした良昭を「広宣流布《こうせんるふ》といっても、足元が大事なんだから、よい家庭を築きなさい。皆さんが『うらやましいな、ああいう家庭を作りたいな』と思うような家庭を」と励ました。

二人を見送ると、翌日、東京体育館に一万二〇〇〇人が集まる本部幹部会の準備に当たった。

◇

池田が不当に逮捕《たいほ》され、四年半に及ぶ裁判のすえに無罪を勝ち取った「大阪事件」。その意義をめぐって、第一部隊の出身者が、ある質問会でのやりとりを覚えていた。それは一九五七年（昭和三十二年）の夏、八月の暑い日だった。

一人の男子部員が意気込《いきご》んで池田に尋《たず》ねた。この前月、「大阪事件」が勃発《ぼっぱつ》し、池田は二週間の獄中闘争を終えて出獄《しゅつごく》した直後である。まだ池田が囚《とら》われの身だった七月、蔵前《くらまえ》の国技館では「東京大会」が、中之島の公会堂では「大阪大会」が開かれ、それぞれ数万人が集まり、検察の非道《ひどう》に対して声をあげた。

夏季講習会に出席し御書を講義する池田（1958年8月、静岡・富士宮市）
©Seikyo Shimbun

――戸田先生も戦争中、牢獄《ろうごく》に入られました。池田室長も牢獄に入られました。牢獄と人間革命と、何か関係があるのでしょうか？……

「ありません！」。池田は強い口調で断《だん》じた。「（関係は）なにもありません。かわいい君たちを、どうしてあんな所に入れられようか。私はそのために戦うのだ」。

この質問会に居合《いあ》わせた一人は〈先生の我々を思う一念の強さに、身体《からだ》がブルッとふるえたことを、今でもはっきり覚えています〉と書き残している。

〈我が部隊より、力《ちから》ある広布の人材が、ぞくぞく輩出《はいしゅつ》することを祈る。全部隊員よ、一人も退転《たいてん》するなと祈る。全部隊員よ、全員吾《わ》れより、優《すぐ》れた人材に育てと祈る〉

（一九五三年三月三日の池田の日記）——この心で、新しい人々と会い、語りに語った「第一部隊」の日々を追う。

暗闇《くらやみ》の中を進め

太平洋戦争が終わった後の昭和二十年代は、電力事情が悪く、どの建物でも、しばしば停電した。おもに水力発電に頼っていた時代であり、当時の新聞には〈雨が降《ふ》らぬと停電も深刻〉〈月曜日から昼間停電／週一回〉といった見出しが載《の》っている。

「私と弟は中学生でしたが、第一部隊の会合に参加しました。嵐みたいな雨が降って、停電した日です。先生に会ったのはその日が初めてでした」

墨田の菊入英夫は、弟の敏夫とともに向島の会場に向かった。

「定時制高校に通っていた先輩から『すごい人が来るから、必ず行ったほうがいい』と言われたんです。詰《つ》め襟《えり》の学生服で、兄弟二人で歩いていきましたね。自転車は二台もなかったから。なにしろ家では明日のごはんをどうするか相談しているような状況でしたから。停電の中で先生がおっしゃった『青年部は前途多難《ぜんとたなん》である』という一言を覚えていますね」（菊入英夫）

弟の敏夫は、池田が話し始めた時の情景《じょうけい》をくわしく書き残している。

〈……静かに場内を見渡し、ある時は鋭い声で、ある時は静かに一対一で対話しているように、一人ひとりに声をかけているように話されました。その時突然停電し、場内は暗闇《くらやみ》に包まれました。先輩幹部がすぐに左右にちり、ロウソクに火をつけたり、また懐中電燈《かいちゅうでんとう》をさがしに、立ち上がりました〉

「真っ暗な中でも先生は悠然《ゆうぜん》と話を続けられたんです。『これからの男子部は、暗闇の中を進むのと同じである。前に、どんな魔《ま》がいるかもわからない。また、石につまずいて転ぶ人もいるだろう』と。

周りの人が急いでロウソクに火をつけて、先生の机の前を明るくして、数十秒たって電気がつきました。先生はさらに『この部屋に電気がついて明るくなるように、我々の広宣流布の戦いによって未来は明るい』と」（菊入敏夫）

菊入兄弟は、父が経営していた鉄工所が倒産してしまい、中学校に弁当を持っていけない時もあった。そうしたなか、家族七人で創価学会に入った。

「停電が直ってから、先生はこうも言われました。『今日ここに集まった人は、人をうらやましがってはいけない。あいつはいい洋服を着ていていいなと思ったり……信心を貫《つらぬ》き通せば、我々も必ずそれ以上の境涯《きょうがい》になるんだ』と。子どもながらに、や

はり人をうらやましがっていた時期でしたから。昨日のことのように脳裏《のうり》から離れない出会いです」（菊入敏夫）

◇

電気事情だけでなく、連絡の手立《てだ》てもまだまだ不便《ふべん》だった。

〈この頃（昭和二十八年当時）は、電話のある家は少なく、先生からの連絡は一切郵便によるしかなかった。私の所にも、部隊会等の会合の前後には必ず、連絡をハガキによっていただいた〉（甚野緑《じんののみどり》の手記）

第一部隊の十人の班長たちは、誰もが池田からハガキを受け取った。連絡だけに限らない。さまざまな激励のハガキや封書《ふうしょ》もあった。

後年、ある座談会で班長の一人、並木辰夫が「たった一年余の間に全班長が二回ぐらいいただいている」と振り返ると、甚野緑は「私など、先生が心配されたのか、二十数通のハガキをその期間にいただいている（笑い）」と応じている。

甚野班の動きが振るわなかった時、池田は吉川英治が『新書太閤記《たいこうき》』で描いた「三日普請《ぶしん》」の逸話《いつわ》を話した。

——織田信長《おだのぶなが》の城、清洲城《きよすじょう》の城壁《じょうへき》が大雨で崩れた。直さねばならないが、一向に進まない。藤吉郎《とうきちろう》——のちの豊臣秀吉《とよとみひでよし》は、工事の責任者（普請奉行）に謀反《むほん》の心があ

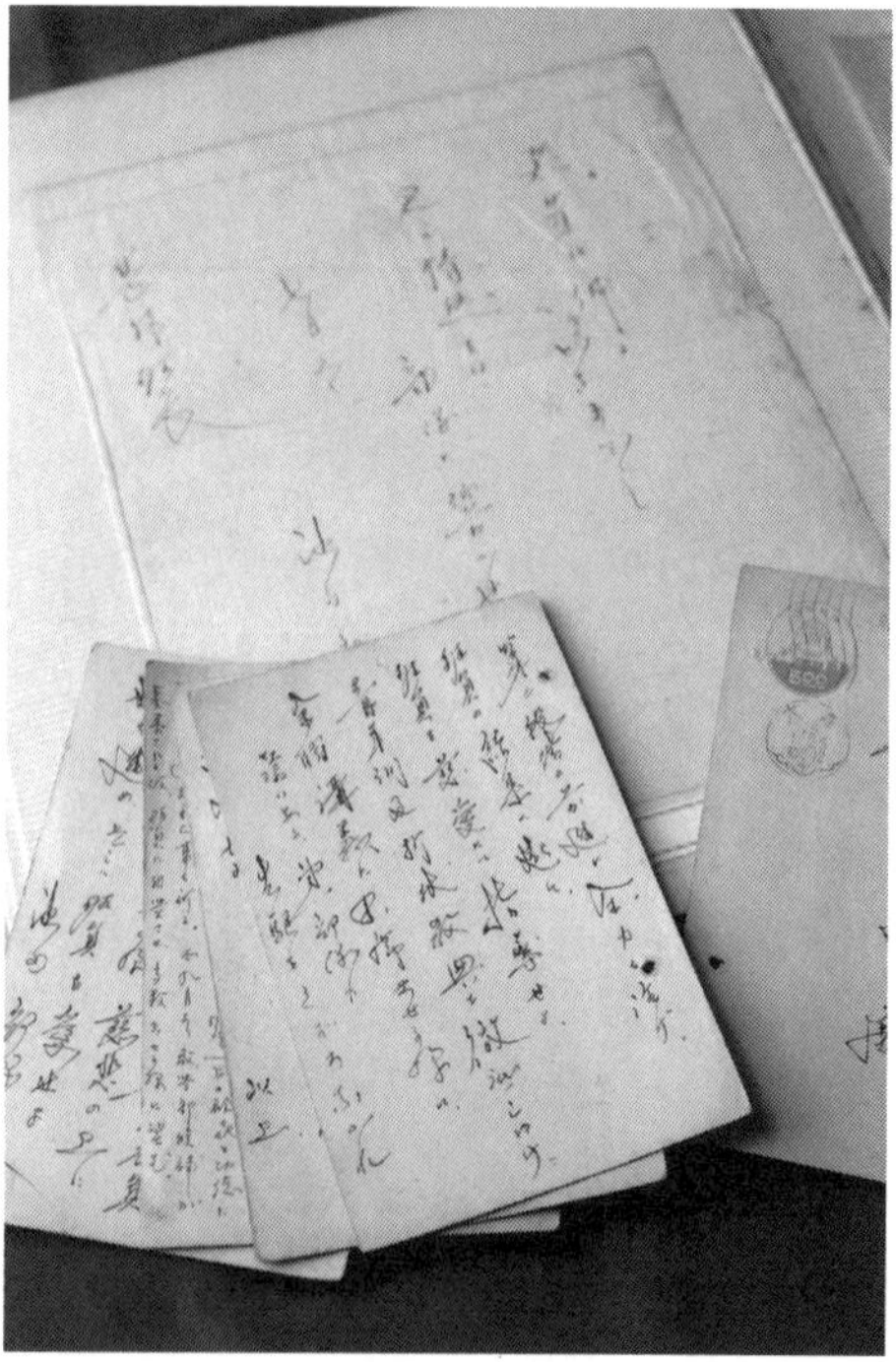

「班員を愛せよ」―池田が第一部隊長時代の1953年（昭和28年）、部隊員に書き送ったハガキや便箋（びんせん） ©Seikyo Shimbun

ることを察《さつ》し、自ら工事を引き受ける。

じつは大工の棟《とう》梁《りょう》たちは、前任者から〝工事を遅らせれば金をもらえる〟と約束されていた。彼らの心を変えるために、藤吉郎は一席を設け、静かに訴えた。

それは「何のため」の思い違いに気づかせる話だった。

「興《おこ》る国――亡《ほろ》びる国――おまえらもずいぶん見て来ただろう。国の亡びた民《たみ》の惨《みじ》めさも知ってるだろう。……国の興亡《こうぼう》は、実はお城にあるわけじゃないからな。――では、どこにあるかといえばお前らの中にあるのだ。領民《りょうみん》が石垣だ、塀《へい》だ、濠《ほり》だ。

――おまえらはこのお城普請に働いて、他家《よそ》の壁《かべ》を塗《ぬ》っていると心得《こころえ》ておるか知らんが、そいつは大間違いだ。おまえら自身の守りを築いているのだ」

人のためではない、何よりも自分のための工事なのだ。藤吉郎の真剣な訴えで、棟梁たちは心を入れ替える。藤吉郎自身も城壁の修復を手伝い、泥《どろ》にまみれた。三週間かけても進まなかった修復は、三日で完成した――。

のちに池田は、この「三日普請」の話を通してこう綴《つづ》っている。

〈人間の、とくにリーダーの確信と一念は、目には見えない。否《いな》、目に見えないがゆえに、一切の物事の成否《せいひ》、勝ち負けを決定づける要諦《ようてい》といえよう。

……三日普請の故事《こじ》は、その微妙にして枢要《すうよう》な、そして決定的な別れ道を教えている〉(『私の人間学』読売新聞社、全集第一一九巻)

この藤吉郎の話を聞いた月、甚野班は十班の中で一番多くの弘教を実らせた。

心が変わる「因《いん》」――それは「絶対の信頼」

「たしかに夫は先生からたくさんのハガキをいただきました。よほど心配されていたのでしょうね」。池田から届いたハガキや便箋《びんせん》などを前にして、妻の甚野年子が微笑《ほほえ》む。

池田の第一部隊長時代、向島、小岩、江東の男子部の会合が甚野宅で行われた。〈池田先生は必ずその前後に、家族や父母に会って温かく激励してくださったのである〉（甚野緑の手記）。

夫の緑は〈戦災で財産を失い、長男も戦争でなくし、やっと借金で建てたバラックで、その日その日を何の目的もなく、無気力に過ごしていた〉という時、創価学会にめぐりあった。

妻の年子もまた、墨田の地で東京大空襲に遭《あ》い、奇跡的に生き延びた。〈亀戸《かめいど》駅から御茶ノ水駅まで歩く道の両側には、真っ黒なマネキンのような焼死体《しょうしたい》が並んでころがっています。……おそろしさ、悲しさ、むごさを胸一杯に秘《ひ》めて弟を背負って歩いたあの道、思い出すたびに身ぶるいする思いです〉と記している。

仏法とめぐりあい、結婚した後、四人の幼い子どもたちを育てながら学会の教学試験に挑んだことがあった。

〈……まず子どもを夜寝《ね》かしつける時、今までは昼の疲れでお乳《ちち》をやりながら寝てしまうこの時間、本を読むことにしました。……片手で本を取り、大事なところに線を引きます。寝静まった後、線のところをわら半紙《ばんし》に書き写しました〉（甚野年子の手

記）
　日中は、子どもを遊ばせながら学ぶために知恵をしぼった。〈……昼は落ち着いて勉強できません。そこで紐《ひも》を輪にして即席の汽車が出来上がります。その中に長男を先頭に私も入り、「さあ○○さんのおうちまで出発、ボー、ガタンゴトン」と言って動き出します。これから前日書いたわら半紙の暗記です〉（同）。

創価学会第二代会長の戸田城聖から池田へ男子部の第一部隊旗が授与される。池田は〝いかなる三障四魔（さんしょうしま）が来ようとも微動だにしない強固な信心と実行力と組織とをもって立ち、大勝利の日まで師を守りぬく決意である〟と述べた（1953年1月、東京・豊島区）　©Seikyo Shimbun

　年子が「読む」こと、「学ぶ」ことの重要さを教わった原点は、女子部のグループ「華陽会《かようかい》」である。年子はその一期生だった。

◇

　華陽会は、戸田城聖《じょうせい》（創価学会第二代会長）を囲んで月に二回、さまざまな小説を教材にして続けられた。その薫陶《くんとう》の始まりの様子を、池田は小説『人間革命』に生き生きと描いている。

〈「……何か世界的な名作や歴史小説などを読んで、それを教材にしてやっていこうじゃないか。何がいい？」

戸田は、全員に希望する本について発言させた。

『二都物語』から『三国志』『坊っちゃん』『小公子』『隊長ブーリバ』『人形の家』『若草物語』といった書名があがった。

「では、みんなの読みたいものを順々に読んでいこう。初めに、ディケンズの『二都物語』から始めたらどうだろう。これはフランス革命を扱ったものだから、いろいろな問題提起には、きっと都合がよい。今度の華陽会までに、全員、読んで来なさい。読まないで来るようでは、華陽会会員は失格です。いいね！」

二十人の華陽会会員は、喜々として家路に就いた〉

〈(華陽会では) 作品の思想、時代背景、登場人物の性格などを、さまざまな視点から自在に論じ合った。

その語らいのなかで、戸田から、性格上の欠点を厳しく指摘された人もいた。時には、身の上相談にまで及んだこともあった。話は、作品から離れ、闊達自在《かったつじざい》に飛び、料理や化粧、礼儀作法、服装のことまで、戸田は、懇切《こんせつ》に教えたのである。

……彼は、この時、既に未来の婦人部をつくっていたといってよい〉（第七巻「翼の下」の章）

「華陽会」で読んだ数多くの小説の中で、年子がとくに印象に残っていると語るのはバーネットの『小公子』である。

「セドリックという少年がいて、そのおじいさんの貴族がとても頑固《がんこ》な人なんです。戸田先生は、セドリックがおじいさんの心を開いていくところを重んじられました」

――少年の祖父は〝長い生涯で、自分のほかに誰一人として本当に愛したことがない人。勝手気ままで傲慢《ごうまん》で激情的な性格。隣人《りんじん》に思いを及ぼす時間を持っていなかった〟と描かれている。この老貴族が、セドリックにだけは心を開いた。その理由は何か。バーネットは祖父自身に〝この子だけは、いつも俺を信じていた〟と語らせている。

「戸田先生は、『どんなことがあっても、疑わないで、その人が行けば、その場に花が咲《さ》くような人になるんだ』と言われました。私も、行く先々で花を咲かせるような人になろうと思ってこれまで生きてきました」

「また、この本はアメリカの作家が書いていて、セドリックはアメリカ人、おじいさんはイギリス人ですから『当時の時代背景を知らねばならない』と。どの本についても、この点は徹底されました」

池田は、この時の戸田の指導にスピーチで触れている。キーワードは「絶対の信頼」だった。

「戸田先生は言われた。

『小公子が祖父の侯爵《こうしゃく》を絶対に信頼したことが、意地悪《いじわる》な侯爵の心を良くし、あらゆる状態を変えていった。

一つのものを信ずるということは、あらゆるものを支配する。女子部は、この姿が必要だよ』

また、こうも指導された。

『女性は勉強して教養を身につけなければならない。つねに心豊かに生きなさい。〝抜きたての大根〟のような、みずみずしい魅力をもって凜々《りり》しく進んでいきなさい』」（二〇〇五年のスピーチ、全集第九十八巻）

戸田は「信じきるということは、とても大きな生命力がいる。……それには、本当に題目を唱えきっていかねば出来ないことだ」とも語った。

◇

戸田を中心に、御書や古今東西の小説を教材に開かれた女子部の華陽会（1953年、東京都内）。「華（はな）のように美しく、太陽のように誇り高くあれ」との願いが込められた「華陽会」。戸田は「広宣流布は、女性の手でできる」と訴えた　©Seikyo Shimbun

男子部の第一部隊で池田と出会ったことが〈信仰の原点〉になった一人に石田幸四郎がいる。二十代の日々をこう述懐している。

〈……若さ以外に何ももたなかった青年群。それを立たしめたものは何か。それは「絶対の信頼」ではなかったであろうか。私たちは何回も失敗し、挫折《ざせつ》した。それを乗り越えることができたのは、先生の激励であった〉

〈当時の青年は求むるに職なく、とぼしい財布《さいふ》に空腹を抱え、与えられた民主思想の谷

間に揺《ゆ》れ、ときおり発せられるデマの激烈《げきれつ》さに戸惑《とまど》いを感じ、自らの進路を見定《みさだ》めえない毎日であった〉

〈部隊会に集った青年たちは、学歴もなく、日頃、下町の零細《れいさい》企業に勤め、残業しなければやっていけない、いま考えれば社会の最も底辺《ていへん》に属《ぞく》する青年群であったといえよう〉

〈(第一部隊の日々は)感動の終着点《しゅうちゃくてん》ではなかった。この感動の渦《うず》は少しも消えることなく、翌年(一九五四年)四月には三つの部隊に発展し、これら下町の青年群の斗《たたか》いは関東一円はおろか、全国各地へ飛び火して、男子部の全国三二部隊結成の原動力となったのである〉

池田は、第一部隊の部隊長になったひと月後の日記に〈唯《ただ》、力《ちから》なきを悲しむ〉と記している(一九五三年二月三日)。この日は「四菩薩造立抄《しぼさつぞうりゅうしょう》」の講義を担当した。

翌日は小岩支部の集まりの後、戸田城聖を自宅まで送ったが、〈背中に、焼けたる鉄板を一枚入れたるが如し。且《か》つ、焼けたる木を、一枝《ひとえだ》、胸中《きょうちゅう》に入れたる感じなり〉(二月四日)という苦しい体調である。

第一部隊のメンバーの多くが、日曜になると池田のアパート秀山荘《しゅうざんそう》に集い、薫陶を受けた。その中で、池田自身の「己《おのれ》との闘い」に気づく人はほとんどいなかった。

第七章

秀《しゅう》山《ざん》荘《そう》の三年間——第一部隊④

「一番印象に残っているのは、赤い屋根ですね。クリーム色の壁《かべ》との対比がとってもきれいだったんです」

佐藤美佐子は物心《ものごころ》ついたころ、道をはさんで向かいにあったアパートの屋根をよく眺《なが》めていた。

「近所の子どもがよく遊びに行っていました。私も建物の入り口のドアを開けて中を覗《のぞ》いたことがあります」

東京の「山王《さんのう》」と呼ばれる地域である。家の前の道は、太平洋戦争が終わって間もなく整備された。「まだ舗装《ほそう》されていない、幅の広いデコボコ道でね、これを言うと歳《とし》がわかっちゃうけど、大森駅前は人力車《じんりきしゃ》が走っていたんですよ」と美佐子は笑う。

向かいのアパートに夫婦で引っ越してきたという若者があいさつにやってきたのは、一九五二年（昭和二十七年）の暑い盛《さか》りである。美佐子は五歳だった。母の洲崎幸枝《さちえ》は、その浴衣《ゆかた》姿の青年の佇《たたず》まいを晩年まで鮮明に覚えていた。

「向かいの秀山荘《しゅうざんそう》に越してきました、池田でございます」。二十四歳の池田大作は幸

アパート「秀山荘」を描いた絵画（川合弘正作）。多くの人々が訪れ、池田の個人指導の舞台にもなった　©Seikyo Shimbun

枝に名刺を渡し、しばらく気さくに世間話をした後、「お子さんを遊びに来させてくださいね」と言って帰っていった。子どもが好きな人なんだな、という第一印象だった。

池田の妻である香峯子《かねこ》は、秀山荘での日々をこう述懐《じゅっかい》している。

〈わが家は一階で、四畳半の和室と六畳ほどの小さな洋間の二間で、台所も半畳くらいの小さなものでした。

洗濯場《せんたくば》とトイレは共同です。洗濯機などありませんし、お風呂は、もちろん、ついていませんでした〉（『香峯子抄』主婦の友社）

「仏法は世界宗教になっていくだろう」

白い割烹着《かっぽうぎ》姿の香峯子を見かけるようになった。やがて二人の間に赤ちゃんが生まれた。向かいに住む幸枝は雨の日、乳母車《うばぐるま》を押す香峯子に、下駄履《げたば》きの池田が傘《かさ》をさしかけ、銭湯《せんとう》に歩いて向かう姿を縁側《えんがわ》から見かけた。

「母は『親子三人で、何ともいい光景だったよ』と言っていました。また、池田先生は『おしどり湯』という銭湯の帰り道にあるお寿司《すし》屋さんで鉄火巻《てつかま》きを頼み、店のご主人に『山王』という地名の由来について話されたこともあったそうです」（佐藤美佐子）

池田夫妻のもとには長男の博正に続き、次男の城久が生まれ、契約の関係で秀山荘から引っ越すことになる。〈子供二人になり、大森山王のアパートを、出る事に決まる。契約なれば止《や》むを得ず。……小生《しょうせい》、留守《るす》多《おお》き故《ゆえ》、妻の実家の近くと願いし通りになり、安心〉（一九五五年五月二十日の池田の日記）。

「……ある日、小柄《こがら》な、可愛《かわい》らしい奥様とともに、今度、小林町に移ることになりました、とごあいさつに見えました」（洲崎幸枝の回想）

若い夫婦との交流は、そのまま幸枝の記憶の底に沈んでいった。

五年後、幸枝の家族は創価学会に入る。「父はエレクトロニクスの技術者でした。会社勤めから独立して、トランジスタラジオや電子オルガンを製造していたんですが、工場が倒産してしまったんです。その後、母の姉から折伏《しゃくぶく》されて、昭和三十五年に信心を始めました」（佐藤美佐子）。

それから十年ほど経《た》ったある日、幸枝は知り合いの学会員から不意に「洲崎さんの近所に池田先生が住まれていたのね」と聞かされた。

その瞬間は何のことかわからなかった。少し経って、母と子に傘をさしかけて歩く、あの「秀山荘の池田さん」の笑顔が浮かんだ。その顔が聖教新聞で見る「池田会長」と重なった。

「言論出版問題」の嵐が吹き荒れた直後だった。幸枝はいてもたってもいられず、池田と香峯子が二人の子を連れて引っ越した後、自分たちが創価学会に入ったこと、そして家族の今のことを長い手紙に綴《つづ》った。

池田からすぐに丁寧《ていねい》な伝言が返ってきた。女子部で学会活動に励む娘の美佐子に対しても伝言と記念の品が届いた。

幸枝が池田夫妻と交流を重ねた家は、今日まで六十年にわたって地元の座談会の拠点として親しまれている。

◇

池田夫妻が大田区の山王から小林町に移るまでの三年間、さまざまな悩みを抱えた人々が、大森駅前から続くなだらかな起伏《きふく》を歩き、池田の住む秀山荘を訪れた。

東京の江戸川区に住む八十五歳の矢作友助《やはぎゆうすけ》は、秀山荘の洋間で池田が「これからはあらゆる勉強をしないといけない。仏法は世界宗教になっていくだろう」と話すのを聞いた。今から四十年以上前に書いた手記の中で〈私は夢のようなことと思っていた〉と振り返っている。

男子部の第一部隊で分隊長や班長を務《つと》め、池田は親しみを込めて「ゆうちゃん」と呼んだ。

「学会がまだ数万世帯の時代です。あの日、池田先生に『創価学会は世界宗教になる』とうかがってから七十年近く経ちましたが、まさか生きているうちに本当にそんな時代になるなんて思わなかった。でも、とにかく先生についていくんだという気持ちだけは〝ここ〟にあるものですから」。細身の友助はそう言って自分の胸を押さえた。

一九五二年（昭和二十七年）の冬、十六歳で創価学会に入った。六人きょうだいの長男。食糧難《しょくりょうなん》で家族がろくに食べられないことが悩みだったという。

「男子部はみんな、悩みとか、いろんなものを抱えているわけです。部隊長だった池田先生が『うちに遊びに来ていいよ』『いつでもいいよ』と。それで信心の疑問とか、自分自身の悩みとかを相談しに秀山荘に何回か行きました。

最寄《もよ》りの新小岩駅まではバスで、国電（現・JR）の秋葉原で乗り換えて大森まで。先生の部屋にはいろんな本があって『読んでいいよ』と。夢中になって話を聞いて、帰りは新小岩からのバスがなくなって、歩いて帰りましたよ」と笑う。

最も高き思想に、最初から深く入れ

「レコードっていう言葉は知ってるけど、まともに聴《き》いたこともなかった。先生が『今日は一緒に聴こうよ』って、蓄音機《ちくおんき》でベートーベンの『運命』を。いろんな話をしてくださった。人生で初めての音楽についての話でした。それで私も音楽が大好きになったんです。世界宗教の話をされたのはベートーベンを聴いた後でした」（矢作友助）

〈日蓮《にちれん》と同意ならば地涌《じゆ》の菩薩《ぼさつ》たらんか〉（諸法実相抄《しょほうじっそうしょう》、御書《ごしょ》一三六〇㌻、新一七九一㌻）

池田はこの御書（日蓮の遺文集《いぶんしゅう》）の一節から「師弟不二《ふに》」を語り、この言葉は友助の人生の指針になった。また池田は「一番大事なことがあるよ。それは心だよ」と、日蓮の〈ただ心こそ大切なれ〉（四条金吾殿御返事、御書一一九二㌻、新一六二三㌻）という一言を引いて「生涯《しょうがい》、大事なことだから、忘れちゃダメだよ」と秀山荘に集まった友助たちに語った。

◇

第一部隊をめぐる証言には、池田が折々に引いてくれた御書が心に残っている、というものが多い。

池田が部隊長になったのは一九五三年（昭和二十八年）の一月。戸田城聖《じょうせい》（創価学会第二代会長）が御書――『日蓮大聖人《だいしょうにん》御書全集』を完成させてから（一九五二年四月）、一年も経っていない。

蓄音機とベートーベンのレコード。自宅を訪れた第一部隊の友らを、池田は音楽を通して励ました
©Seikyo Shimbun

青年部といっても、「御書」というものを初めて手にし、ひもとき始めて間もない人たちばかりである。秀山荘での池田との対話は彼らにとって、のちに戸田が示す、

「最も高き思想のものに、
最初から深く入れ」

という読書の心構えと響き合うものだった。

◇

赤須雪秀《ゆきひで》は「支部」と「男子部」の両立に悩んでいた。壮年と婦人を中心とする「支部」はすでにあるが、「男子部」は本格的に立ち上がったばかり。何をすべきなのか、経験もなければ、前例もない。「もう自分も所帯持《しょたいも》ちだし、支部の班長一本で頑《がん》張《ば》ろう」と思い、ある会合の後、池田に男子部の役職をやめたいと告げた。

話を聞いた池田は笑みを浮かべて「青年部をやめてどこへ行くんだ?」「僕が応援するよ。いいかい?」と言い残し、会場を後にした。

雪秀は、もう一度食い下がって真意を聞こうと思い、その足で秀山荘に向かった。

池田はちょうど銭湯に行く準備をしていた。「必ず来ると思って、待っていた」という。香峯子が手ぬぐいと石けんを二人分用意し、送り出した。銭湯は客が少なかった。肩を並べて湯船《ゆぶね》につかりながら、池田は雪秀の話を聞いた。

「……七十五万世帯もそうだけど、広宣流布《こうせんるふ》は青年部がやるんだよ」

「一緒になって悩もうじゃないか。苦労しようよ。汗をかこうよ」

「人がどう見て、何をしようが、分かろうが分かるまいが、御本尊様《ごほんぞん》だけがご承知だよ」

雪秀は池田の話を聞いているうちに「気持ちがホッとした」という。「ぼくが『わかりました、頑張ります』って言ったら、先生も風呂の中で手を伸ばしながら『いい気持ちだなあ。じゃ、あっち行こう』って風呂を上がって、今度はうち（秀山荘）に行ったわけです」（赤須雪秀の回想）。部屋に戻ると、雪秀は具体的な悩みをあれこれとぶつけた。

〈……墨田区の中小企業の工場に住み込みで信心の思うようにできない部員のことや、支部の壮年や婦人の信心指導の難しさについて指導を受けた。部隊長は「レコードをかけてあげよう」と、スッペの「軽騎兵序曲《けいきへいじょきょく》」とベートーベンの「運命」をかけてくださった〉（赤須雪秀の手記）

それぞれの要所《ようしょ》を聴いた後、池田は話した。

「指導の要諦《ようてい》は、二つの曲のように『静』と『動』です。威厳《いげん》と寛容《かんよう》だ。威厳とは信心です。寛容とは部員一人ひとりを思う真心です。

指導する場合でも、この両面がなければいけない。一人の人を指導するにも、厳しく信心指導した後は必ず希望を示すことと激励《げきれい》を忘れてはいけない。また頑張っている人はほめてあげたい。しかし、ほめっぱなしではいけない。必ず信心の指導をしていかねば一人ひとりの人を成長させることはできない。

ここが大事なのです」

「信心」とは「うれしい」という心

赤須雪秀は一九五一年(昭和二十六年)の四月、創価学会に入った。初めて池田に会ったのもその年で、池田が第一部隊長になる前だった。

「……まだ御書ができていない時代だったんですよ。先生が『来年、御書ができるよ』『赤須さんにお話ししたいことがある』と」(赤須雪秀の回想)

池田は御書が発刊される前から、日蓮が綴り残した智慧《ちえ》や譬《たと》えを現場で共有し始めている。

どのページになるかはまだわからないから、御書ができあがってから自分で調べてほしい——そう言って二十三歳の池田が口《くち》にしたのは「御義口伝《おんぎくでん》」の一節だった。「御義口伝」は日蓮による法華経《ほけきょう》の講義である。

◇

――一人の貧しい男がいた。長い放浪《ほうろう》の末、自分の着物の襟《えり》に縫《ぬ》いつけられた宝石を見つける。それは、かつて親友がひそかに縫いつけてくれたもので、値段もつけられないほど高価な宝だった――法華経で説かれるこの「衣裏珠《えりじゅ》の譬え」を通して、日蓮は語る。

〈この文《もん》は、始めて我《わ》が心本来《こころほんらい》の仏なりと知るを、即《すなわ》ち「大歓喜」と名《な》づく。いわゆる、南無妙法蓮華経《なんみょうほうれんげきょう》は歓喜の中の大歓喜なり〉

――この経文は、はじめてわが生命が本来、仏であると自覚する、これを大歓喜と名づけるのである。すなわち南無妙法蓮華経と唱えることは、歓喜のなかの大歓喜である――

雪秀は「(御書の)七八八ページ(新一〇九七ページ)にね……」と言ってこの一節を口にし、池田が〝この(「歓喜の中の大歓喜」という)一節を本当に実践できたら、全部で一六一〇ページある御書を単に読むよりも、はるかに大きな功徳、福運が出るんだよ〟という趣旨の話をしてくれた、と述懐《じゅっかい》している。

――「知る」とは「信ずる」ということだよ。

――「大歓喜」っていうのは、噴水《ふんすい》がうーんと吹き上がるような喜びをいうんだよ。

――「歓喜」っていうのは「学会精神」のことだよ。「広宣流布《こうせんるふ》」のことだよ。歓喜がなければ折伏《しゃくぶく》もできないじゃないですか。一人が一人を折伏して、だんだん拡大していくことを「大歓喜」というんだよ――。

こうした池田の話を聞いて、目が開かれるような思いがした。「これがぼくの根本になった。（御書は）ここから始めた」と雪秀は語り残している。

◇

ほかにも池田は幾《いく》つも日蓮の言葉を引いて、「信心」とは「うれしい」ということなんだと、さまざまな角度から教えた。そのすべてを雪秀は御書で確かめ、晩年まで弘教《ぐきょう》や激励に用《もち》いた。

「先生は『新池《にいけ》御書に出てるんだよ』とおっしゃってね、〈うれしきかな、末法《まっぽう》流布に生《う》まれあえる我《われ》ら……〉（一四三九㌻、新二〇六二㌻）という一節を教わりました」

また「（御書の）九四二㌻の二行目あたりから出てるんですよ」と言っては「法華経題目抄」を諳《そら》んじた。

――目の見えない人が、目が見えるようになり、両親を初めて見ることができた。信心とは、それよりもうれしいことである――（趣意、新五三四㌻）

雪秀は太平洋戦争に日本が敗れた後、ソ連軍によってシベリアに抑留《よくりゅう》されたつらい経験がある（第二章に詳述）。池田は雪秀に「シベリアと同じようなことが、御書にも書いてあるんだよ」と言って、すぐ後に続く一節を紹介した。

〈強きかたき《敵》にとら《捕》れたる者の、ゆる《許》されて妻子《さいし》を見るよりもめずら《珍》しとおぼ《思》すべし〉（御書九四二ページ、新五三四ページ）

――強い敵に捕《と》らえられていた者が許されて、妻や子に再会するよりも、法華経の題目にあうことはきわめてまれであると思いなさい――

池田からこの一文を聞いた時、雪秀はシベリアの地獄を思い出した。そして、とうに死んだとあきらめていた息子と再会し、「本当か！　お前、生きていたのか！」と飛びついて喜んでくれた母の涙を思い出した。「（先生は）『その喜びの一〇〇倍、一〇〇〇倍も御本尊との出会いを喜ぶ、その信心が根本なんだよ』と」（赤須雪秀の回想）。

さらに〈行道《ぎょうどう》不《ふ》行道《ぎょうどう》　随応所《ずいおうしょ》可《か》度《ど》〉という法華経の一節も、腹に落ちるように話してくれた。この一節は学会員が朝夕《あさゆう》行《おこな》っている勤行《ごんぎょう》で、「勤行要典《ようてん》」の最後のページに出てくる。〝（仏は常に民衆が）仏道修行《ぶつどうしゅぎょう》に励んでいるかどうかを知って、それぞれ救うべきところにしたがって（自由自在に法を説く）〟という意味である。

御書を講義する池田（1959年3月）。恩師である戸田城聖の逝去から1年、池田は創価学会の未来を担い、師弟の精神を訴え続けた
©Seikyo Shimbun

池田は元意《がんい》をかみ砕《くだ》き『行道』というのは、確信と歓喜と感謝をいうんだよ。嫌々《いやいや》やったり、渋々《しぶしぶ》やるのは『不行道』。『随応』はぴったりということ。だから、喜びと感謝のある題目が一番大事なんだよ」と語った。

雪秀はこうして池田から教わった「信心の姿勢」について「先生は〃喜んで信心ができる〃ように教えてくれた」「簡単な言葉で教えてくれた」と振り返っている。

◇

〈……日曜日などを利用して、班長会や面接日を設けていただき、食事までご馳走《ちそう》してくださった。御書の講義や難しい観心本尊抄文段《かんじんのほんぞんしょうもんだん》（注釈書）のガリ版刷《ばんず》りを勉強したのも楽しい思い出である。

私たちが疲れているなと感じられると、楽器を自ら奏《かな》でられたり、レコードを聞かせて癒《い》やしてくださった〉（曾根原敏夫の手記）

ある時は皆で銭湯に行った。十一月のある日は「今日は休養にしよう」と言って両国日活でエロール・フリン主演のアメリカ映画「進め龍騎兵《りゅうきへい》」を観た。

「戸田先生から天ぷらうどんをいただいたんだ」と言っては皆にふるまい、自分でごはんを炊《た》いておにぎりを握ったこともある。

〈十月十二日（月）雨……夜、部隊員、二、三人が、指導を受けに来る。可愛い。実に可愛い。退転《たいてん》なきことを切望《せつぼう》する。皆、偉い。皆、勇ましく、苦難と戦い、人々を救っている。苦しき生活とも戦っている。

尊いことだ。一人一人を、心から大事にせねばならぬ〉（一九五三年の池田の日記）

すべては長の一念

十一月の日曜日。甚野緑《じんのみどり》は赤須雪秀や曾根原敏夫と秀山荘を訪れた。

〈十五日、休日を利用して部隊長宅に……種々、色々な指導を受ける。軽騎兵のレコードを聞く。言葉に依《よ》るより「一切法《いっさいほう》、仏法なり」とする御金言《ごきんげん》、ピッタリと合う。……何事も我々にあてはまる。四時頃、辞去〉（甚野緑の班誌）

日蓮は「社会」と「仏法」が深く関わっていること、そして仏法を知れば知るほど社会がわかる道理を、繰り返し門下に教えている。

〈一切法は皆《みな》これ仏法《ぶっぽう》なり〉（総勘文抄《そうかんもん》、御書五六三ジ、新七一二ジ）

〈天晴《てんは》れぬれば地明《ちあき》らかなり。法華を識《し》る者は世法《せほう》を得《う》べきか〉（観心本尊抄、御書二五四ジ、新一四六ジ）

それだけを読むと難しく思える法門も、実は生活に身近なものだ――このことを伝えようと心を砕いた。

池田の提案で、甚野班と曾根原班の合同座談会を、地区部長宅で開いたこともある。青年部の勢いが壮年、婦人にも伝わっていった。

創価学会版の御書が発刊されてから、まだ一年足らず。第一部隊の班長以上が集まって学んだ御書や文段《もんだん》（注釈書）は、記録に残っているだけでも「撰時抄《せんじしょう》」「当体義抄《とうたいぎしょう》」「如説修行抄《にょせつしゅぎょうしょう》」「顕仏未来記《けんぶつみらいき》」「妙密上人御消息《みょうみつしょうにんごしょうそく》」「諸法実相抄《しょほうじっそうしょう》」「三重秘伝抄《さんじゅうひでんしょう》」など数多い。

講義のいっぽうで、一枚のレコード、一台の蓄音機を使い、仏法の眼《まなこ》は音楽にも通じ、芸術にも通じることを語った。

甚野、赤須、曾根原たちが訪れる十日ほど前の池田の日記――。

〈十一月四日（水）晴／心身共に、不調。

人生の終幕《しゅうまく》の如《ごと》き、悲しき思い有《あ》り。人生の旅路、二十五星霜《せいそう》。倒れてたまるか〉

◇

ある男子部メンバーは、御書は手に入れたものの、第一部隊の会合に持ってこなかった。目の前で、病《やまい》に苦しむ一人の若者を前に、池田が御書の一節を引いて励ましていた。

〈病《やまい》あれば死ぬべしということ不定《ふじょう》なり。

また、このやまい《病》は仏の御《おん》はからい《計》か……病によりて道心《どうしん》はおこり《発》候《そうろう》なり〉――

病になったから必ず死ぬとは決まっていない。またこの病は仏のお計《はか》らいであろうか。

朱線を引き、研さんを重ねた池田の御書。“剣豪の修行”のごとく学ぶ姿勢は、初代会長の牧口以来の創価学会員の伝統となっている
©Seikyo Shimbun

……病によって仏道を求める心は起こるのである――（妙心尼《みょうしんあま》御前《ごぜん》御返事、御書一四七九ページ、新一九六三ページ）

ああ、これは俺のための話だ。

そばで聴いていた彼もまた胸を患《わずら》っていた。池田の話を「砂に水を打つように」心にしみ込ませた。家に帰ると急いで自分の御書をめくり、朱線を引っぱって覚えた。

大塚重造《じゅうぞう》は千葉の浦安から秀山荘に赴《おもむ》いた。漁師として働きながら男子部の班長を務めた。池田に地元の組織の現状を伝え、〈心の師とはなるとも、心を師とせざれ〉――凡夫《ぼんぷ》の弱い心を師にするな、「心の師」を求めよ――（兄弟抄など）という一節を教わった。

「思っていることの十分の一も言えない」内気な性格だった。秀山荘の班長会では隅《すみ》のほうに座り、「人の背に隠れているようでは青年じゃない」と池田に叱《しか》られたこともある。埼玉の蕨《わらび》、栃木の黒磯《くろいそ》、山形の寒河江《さがえ》などを弘教《ぐきょう》に歩き、草創の地区部長として七十五万世帯達成の一角を支えた。

同じく班長だった坪井保男。学会本部から数人で江戸川に帰る総武《そうぶ》線で池田と乗り合わせた。車中で「すべては長の一念によって決まる。『勇将《ゆうしょう》のもとに弱卒《じゃくそつ》なし』だよ」と励まされた一言が生涯の指針になった。

「自己を鍛《きた》えぬいて、はじめて自体顕照《じたいけんしょう》がある」

小岩に住んでいた矢部長治《ひさはる》。会合の後、上野駅から池田と国電に乗った。上野駅の周りでは多くの人々がつらい路上生活を強《し》いられていた。混み合う駅舎《えきしゃ》を歩きながら〈人々を救う方法、折伏のあり方〉を熱く語る池田の話に耳を傾けた。

京浜東北線に乗り、長治は時の経つのを忘れた。〈途中乗り換えの駅を過ぎるのも知らず〉、気がつけば大森駅までついていってしまった。〈（その数十分で）湧《わ》き起こってきた感動を今でも忘れることはできません〉（矢部長治の手記）。

　長治はリーダーとして弘教に挑み、目標をあきらめかけた時、池田から〈湿《しめ》れる木より火を出《い》だし、乾《かわ》ける土より水を儲《もう》けんがごとく、強盛《ごうじょう》に申すなり〉（呵責謗法滅《かしゃくほうぼうめつ》罪《ざい》抄、御書一一三二ページ、新一五三九ページ）という一節を引かれて「これが信心だ」と厳しく諭《さと》されたこともあった。

　江東区に住んでいた浅井三喜男。〈結核の永《なが》い闘病生活に……加えて貧困と、もうどうにも救いようのない有様《ありさま》〉の時、創価学会にめぐりあった。池田が第一部隊長に就任した日、その会合に参加していた。

　一人の青年部員を池田が〈ある時は友のように、またある時は厳父《げんぷ》のように〉励ます姿を目《ま》の当《あ》たりにして、〈言いようのない感動〉を覚えたという。〈よし、やろう……病気が、貧乏が何だ、人生に最も大事なものは生き甲斐《がい》なのだ。私は其処《そこ》に先生を見たのだ〉と記《しる》している。それまでは〈何もわからず、ただ先輩についているだけだった〉が、〈とにかくその後は学会活動が楽しくなった〉。

　分隊長をしていた時、小岩の会合終わりに池田と国電で一緒になった。〈幸い車中はガラ空きであった。先生は親しく私の近況を聞かれた〉（浅井三喜男の手記）。池田は三喜男の生活や経済状況を聞き、「曾谷殿御返事《そやどのごへんじ》」にある「自体顕照《じたいけんしょう》」という言葉を使った（御書一〇五五ページ、新一四三三ページ）。

自体顕照は、仏法によって〝満足できる自分〟〝他の誰にも代えられない自分〟をつくりあげる原理である。池田自身、日記に〈境涯《きょうがい》を、磨《みが》こう。教学の、実力を。来年こそ、来年こそ、自体顕照を〉と記し（一九五六年十二月二十七日の日記）、「自己を鍛《きた》えに鍛えぬいて、はじめて自体顕照がある」と語ってきた。

後年、高校生に向けて次のように話している。

「自分は自分らしく生きぬくところに、自分としての価値が光る。仏法では『自体顕照』と説く。自らの体を、本来の自分を顕現《けんげん》させる。顕《あらわ》し、輝かせていく。そして周囲を照らしていく。これが最高の『個性』であり、『独創性』です。

……大事なのは『じっとこらえて今に見ろ』の精神です。青春は、あせってはならない」（『青春対話1』普及版、十七―十八ページ）

また、〈当時の私は御書が全然わからずまことにお粗末《そまつ》であった〉という浅井三喜男に、池田は身近な例を挙げて、〝たとえば、風を受けた旗が「へんぽん」とひるがえる姿、それ自体が「顕照」の姿だよ。分隊長として、自分が真剣に信心に励む姿が自体顕照なんだよ〟と語っている。

川田宗二は二十一歳で学会に入った。二年後、勤め先が倒産に見舞われ〈転々の日々〉を送っていた時、「法を護《まも》る」ことで「宿業《しゅくごう》を消す」原理を説いた「転重軽受《てんじゅうきょうじゅ》」（重きを転じて軽く受く）の法門を池田から教わった（開目抄、転重軽受法門など）。〈……生命論を語り、日夜闘争に励み、先生と共に銭湯に飛び込み、汗まみれの身体を洗い流したこともあった〉（川田宗二の手記）。

第一部隊は、完成したばかりの御書とともに進み始めた。その日々をあるメンバーは〈一日二十四時間が三十六時間ほしいと思ったことがしばしばあった〉と振り返っている。

妹に字を教わって臨《のぞ》んだ「水滸会《すいこかい》」

東京の荒川区に住んでいた鈴木武。「御書ができた時は十冊ほど買いましたね」と語る。第一部隊で分隊長などを歴任した。男子部のグループ「水滸会《すいこかい》」の一期生でもある。

「甚野さんのお宅で池田先生が〈一身一念法界に遍《あまね》し〉という一言を通して話された、

〝我々の一念は宇宙にまで広がり、宇宙をも包み込むんだ〟という話が、いまだに耳に焼きついて残っています」

それは「衆生《しゅじょう》の生命がどれほど大きく、尊いものか」を説いた妙楽大師《みょうらくだいし》の一言である（観心本尊抄、御書二四七ページ、新一三五ページ）。

六年後、部隊長になって汗をかいていた時、池田から〈山を抜く力《ちから》を／太陽の如き和《わ》を〉と毛筆で書かれた色紙を受け取った。

その年の初秋、伊勢湾台風が起こる。救援の先発隊として名古屋に泊まり込んだ。「名古屋駅まで先生を迎えに行くと、先生は『頑張ってるな！』と声をかけられ、私がとても持ちきれないほど大量の差し入れを駅の売店で買ってくださいました。そして『愛知のために、しっかり戦ってください』と。あっという間の出来事でした」。

後年、池田から武のもとに届いた小説『人間革命』第五巻には〈君も愛する／ぼくの弟だ。／ぼくも生涯《しょうがい》断じて／戦い勝ちぬく／君も共にそうであってくれ〉と記されている。

◇

第一部隊の中には、妹に字を教わりながら水滸会に参加した人もいる。江戸川区の山田秀弥。十九歳の時、母の山田らくとともに創価学会に入った。

「私が五歳の時に父が結核で亡くなり、しばらくして二歳の弟も亡くなりました。お袋からは私が大きくなるまでに何回か『一緒に死のうか』と言われました」

「小学校の時は戦争で疎開《そかい》したんですが、教科書で勉強した記憶がないんです。教科書の数が足りなくて、一冊を五人で使いなさいと言われたんですが、地元の子にとられちゃう。ずいぶんいじめられて、暗記したのは教育勅語《ちよくご》だけ。社会に出た時には新聞の漢字が読めなかったんです」

秀弥は後年、御書全文をノートに書き写した。丁寧《ていねい》な文字で何冊もの大学ノートを埋めた。「なんとかみんなに追いつきたくてね」と笑みを浮かべる。

「秀山荘では、奥様手作りのハンバーグを第一部隊の数人でいただいたこともあります。

池田先生から本棚にあった『水滸伝』と『三国志』を読むように言われました。でも、その時は読めなかった。漢字が読めませんから。でも、水滸会の時には読むことに挑戦しました。ちゃんと学校を出ている妹から字を習って」

「水滸会で吉川英治の『三国志』が教材になった時、戸田先生から〝(魏《ぎ》の)曹操《そうそう》だって友がいなければだめだ。絆《きずな》をしっかりすることだ〟と教わりました。

どんな名作でも、登場人物はどういう考えでいるのか、性格はどうか、行動はどうか、ちゃんと考えるようにと鍛《きた》えられました。『本を読む』ことを通して『人物を読む』ことを教わったように思います」

◇

十九歳の佐久間昇が秀山荘を訪れたのは、桜が散り始めた四月の中旬だった。翌日、神田の教育会館で男子部の総会があり、「宗教革命」をテーマに研究発表することになっていた。内容が心配になった昇は、まとめた原稿を持って夜遅く秀山荘に向かった。

その三カ月前、池田が第一部隊長に就任した日――〈会合が終わって、会場の前方に集まり、出席者全員が紹介され、（池田部隊長と）一人一人握手をしたことをおぼえている〉〈そして短かったがみんな話をした。その時のぬくみが残っているように忘れられない〉と書き残している。

池田の指導はつねに〈具体的であり、わかりやすい〉〈手紙やハガキによる指示も的確なものであった〉。当時の青年部には〈時に身の縮《ちぢ》むようなきびしい訓練〉もあったが、〈部隊長は人間性あふれる生命のふれあいを持ってくれた〉。その〈生命のふれあい〉が最大の財産になったという。

秀山荘の本棚について、池田の妻の香峯子は次のように述懐している。

聖教新聞社に蔵書を寄贈する池田。20人がかりで4日間にわたり整理にあたった。池田は「自分の実子を手放すようで、実に寂しい」「記者たちが大いに読み、活用して実力をつけ、世界の指導者に育ってくれれば、こんなうれしいことはない」と心情を述べた（1973年9月、東京・新宿区） ©Seikyo Shimbun

〈板の間には、本棚をおいていました。主人がときどき古本を買ってきます。その古本についていた南京虫《なんきんむし》が、寝ている間に出てきたことがあります。（笑）

何かかゆいというので、白木の母に聞いて、古本をはじめ、部屋中、消毒したことがありました。（笑）〉（前掲『香峯子抄』）

池田にとって大切に集めた多くの古本は、「自分で読む」ものでもあり、「人に贈る」ものでもあった。

昇が受け取った一冊は、さまざまな舞台や小説、映画に翻案《ほんあん》されてきた冒険小説『風雲ゼンダ城（ゼンダ城の虜《とりこ》）』だった。「人生は風雲じゃないか」。結核で悩んでいた昇を、池田はそう言って励ました。

◇

足立区に住む福原文吉も、結核で悩んでいることを池田に話した。

「第一部隊の会合で、一人ずつ自己紹介した時でした。先生は『私も結核だった』と。『しっかり朝晩の勤行をして、夜は早く休みなさい。必ず治ります』って励まされて、うれしくてね。それからすぐに折伏が二世帯決まりました。学会活動であっちへこっちへと動いているうちに病気であることをすっかり忘れてしまった」と苦笑いする。

「私も部隊長の就任式に参加しましたが、とても新任とは思えない。それほど先生が大きく感じました。秀山荘にお邪魔した時、ベートーベンのレコードを蓄音機で聴かせていただきました。分隊長の我々にとっては、やさしい部隊長でした。ちょうど先生のご友人が来ておられて、『今、彼を折伏しているんだよ』と先生が笑顔で紹介してくださったこともありました」

最も小さいところが大事

タクシー運転手だった宮﨑喜代司は、先輩に連れられて秀山荘を訪れ、恋の悩みを相談している。話を聞いた池田は、自分の座右《ざゆう》の銘《めい》である「世界を制覇《せいは》せんとするものは、汝《なんじ》自身の悲哀《ひあい》を制覇せよ」「波浪《はろう》は障害にあうごとに、その頑固《がんこ》の度《ど》を増す」を引いて、自分に負けるなと励ました。

池田から直接聞いたこの二つの言葉が〈ともすればくじけがちな私の支えとなって、今日まで創価学会を離れずにこられました〉（宮﨑喜代司の手記）。

トランペットが大好きで、学会の音楽隊でも活躍した。娘の彰子は「父は昭和三十二年、大阪の大きな会合に音楽隊として応援に行って、そのまま河内《かわち》郡で折伏をしていたようです。大阪からあんまり帰ってこないので、祖母が迎えにいったそうです」と語る。

喜代司は〈十三歳の時に父を亡くした私にとって、先生は、厳父《げんぷ》であり、慈父《じふ》であり……〉と書き残している。

江東区に住んでいた小室常吉は、一九五三年（昭和二十八年）の三月、創価学会に入った。父親の家庭内暴力に苦しんできた。

〈父親から信心を続けるなら家を出よと言われ、永《なが》い年月、父の酒乱《しゅらん》で悩まされ続けていた母と妹二人を連れて自活《じかつ》することになりました〉（小室常吉の手記）

〈御本尊《ごほんぞん》を抱きしめて〉新生活を始めたが、やがて会合に出なくなった。前章で紹介

音楽隊の創価グロリア吹奏楽団が、池田が第一部隊長時代に部隊員たちと聴いた「軽騎兵序曲」を熱演（2007年1月、東京・八王子市）
©Seikyo Shimbun

した遠藤良昭が、常吉の家にこまめに通った。久しぶりに足を運んだ第一部隊の会合で、初めて池田の存在を目の当《まあ》たりにした。生まれて初めて〈真剣勝負の対話の火花〉に触れたという。

〈強烈なおどろきでした。……その言々《げんげん》句々《くく》を思い出すことはできませんが……その夜は夜中まで未来に思いを馳《は》せて寝つかれませんでした〉

やがて壮年部に移った常吉は、江戸川区葛西《かさい》で大B長（現在の地区部長）として堅実な信仰を貫いていく。

◇

池田は二十代の青春を過ごした大田区のアパート時代について、創価学会の「最も地道な立場」である大B長の集まりで語ったことがある（一九七七年二月）。

まず、吉田松陰《しょういん》の「松下村塾《しょうかそんじゅく》」をこれまで二回見学したことに触れた。そして、自分が信心を始めたころの学会の集まりは、どれも「少人数の会合だった」と続けた。

大きい会合も大事だが、「最も小さいところ、これが大事である――私は常々、そう考えておりました」。

「日本中をかけずりまわって、大きい会合も、小さい会合も、指揮を執《と》って参りましたが、なんといっても懐《なつ》かしいのが、その（大田区のアパートに住んでいた）当時です」

「そこから議員もずいぶん出ています。学会の大指導者もずいぶん出ています。（当時集まってくれた人たちを）一生涯忘れません。どんなことがあっても私の脳裏《のうり》からは離れない……尊敬しています。大切にしています。お題目も送ります」

「たとえば十人でも二十人でもいい。仏縁《ぶつえん》深くして、広宣流布の学会の面倒をみているということは、たとえばここに〝山田さん〟という大B長がいれば、これは〝山田創価仏法塾《じゅく》〟です。〝山田創価仏教学校〟です。その塾は、学校は、小さくても成仏《じょうぶつ》の学校です。

何人の人を成仏させてあげようか。何人の人を人間革命させてあげようか。人数ではありません。

山口県萩市にある松下村塾の史跡を訪問。時代を動かした師弟の劇に思いを馳せ、無血の「宗教革命」である広宣流布を心に期す（1964年8月）
©Seikyo Shimbun

……人間として、生命と生命、誠意と誠意、もっとも身近な兄弟以上の指導、連携《れんけい》のうえから、（お世話になった）その人は、その大B長さん、塾長さんを忘れないでしょう。これが大切です」

池田は自らのアパート時代を「松下村塾」に重ね、また最前線の「地区」に重ね、「これからの人生をどうか、塾とともに、学校とともに、創価学会とともに進んでください」と語った。

◇

「いずれは海外のメンバーが、飛行機をチャーターして学会本部に来るようになるよ」――墨田区の曳舟《ひきふね》に住んでいた高山好一《よしかず》は、池田からそう聞いた時、到底信じられなかった。しかしそれから十数年後には、ヨーロッパの学会員が飛行機を貸し切って日本にやってきた（単行本『民衆こそ王者』第十三巻に詳述）。

好一は第一部隊の分隊長だった。部隊会の日が決まると、必ず池田からのメッセージが手元に届き、励みになった。ある時には、「自分の職業に誇りを持って、日本一になりなさい」とも励まされた。

「いつか一緒にハワイに行こう」と言われたこともある。「まだタクシーにも乗れなかった時代」に、「途方《とほう》もない夢を言う方《かた》だなあ」と思った。しかしこの言葉も、それから三十年後、ハワイ指導に赴《おもむ》く池田に同行し、現実のものになった。

「池田部隊長は約束を守る人」——そう感じたのは第一部隊の人々だけではなかった。

◆小説『人間革命』『新・人間革命』とのおもな関連

（各巻の概要は創価学会公式サイトなどから）

■第１章　「青年の譜」――本当の言葉を求めて

・『人間革命』第3巻（「渦中」）

1948年（昭和23年）、山本伸一は、戸田城聖の「日本正学館」に就職を勧められ、戸田と会い、即座に入社を決意する。

・『新・人間革命』第15巻（「蘇生」）

山本伸一は、1970年（昭和45年）５月の本部総会で、「公害問題」に言及。広宣流布とは、仏法の人間主義を根底とした社会の建設だと考える彼の、やむにやまれぬ発言であった。イタイイタイ病や水俣病等が深刻化するなか、彼は反公害闘争のペンをとり、仏法の〝人間と環境〟の共生の哲学を通して公害根絶を訴え、大きな反響を広げていく。〝妙法の大地に大文化運動を〟と、「第三文明華展」などが多彩に行われた70年。伸一もまた、精神闘争即芸術の結晶として、「青年の譜」等の詩を次々に発表する。

・『新・人間革命』第2巻（「平和の光」）

山本伸一らはビルマ（現在のミャンマー）へ。そこは長兄の戦死と、インパール作戦の舞台だった。伸一の回想は、戦中の思想統制から、牧口会長の殉難、世界平和への構想へと。

■第２章　後輩を自分より偉くする――――第一部隊①
■第３章　文京支部長代理として
■第５章　「冬」に「春」を見る力――――第一部隊②
■第６章　見えぬ一念が全てを決める――第一部隊③
■第７章　秀山荘の三年間――――第一部隊④

・『人間革命』第７巻（「飛翔」「翼の下」「匆匆の間」）

1953年（昭和28年）、学会は75万世帯の達成へ、年間５万世帯の折伏を掲げた。そのために、まず抜本的な人事と、支部中心から地区中心への指導体制の移行が行われた。山本伸一も第一部隊長に就任し、さらに文京支部長代理となり、信心の団結をもって、弱体の支部を一変させていく。

・『新・人間革命』第17巻（「民衆城」）

1973年（昭和48年）４月から５月にかけて、山本伸一は一瞬の機会も逃さず、同志のなかへ飛び込んでいく。４月の本部幹部会では墨田へ。ここもまた、53年（同28年）、伸一が男子部の第一部隊長を務めた時、広布拡大に走り抜いた地だった。その激闘を振り返りながら、民衆勝利の方程式が、感動的に示されていく。

■第４章　「山口闘争」の二十二日

・『人間革命』第 11 巻（「転機」）

人生の短い残り時間をいかに生きるのか――戸田城聖は大きな転機を感じ始める。そして一切の事業から身を引き、広布の戦いに専念することを決意。1956 年（昭和 31 年）秋、山本伸一を責任者とした〝山口開拓指導〟が行われたのが突破口となり、爆発的な弘教の波が全国に広がっていく。

第一章～第四章　『民衆こそ王者Ⅳ』
第五章～第七章　『民衆こそ王者17』

文庫化にあたり、修正・加筆しました（一部、敬称を略しました）。

文中の年齢、肩書き等は連載時のものです。また、引用文中のルビは編集部によるものです。

『日蓮大聖人御書全集　新版』のページは（新○○㌻）、従来の御書のページは（御書○○㌻）と表記します。御書の本文は新版に合わせます。

USHIO
WIDE BUNKO
007

『民衆こそ王者』に学ぶ
「冬」から「春」へ――若き日の誓い

二〇二四年五月　三日　初版発行
二〇二四年七月十七日　四刷発行

著　者　「池田大作とその時代」編纂委員会
発行者　前田直彦
発行所　株式会社　潮出版社
〒102-8110
東京都千代田区一番町6 一番町SQUARE
電話／03-3230-0781（編集部）
03-3230-0741（営業部）
振替／00150-5-61090
印刷・製本　中央精版印刷株式会社

ISBN978-4-267-02427-6 C0195

[https://www.usio.co.jp]